航海与编码：
轮机工程中的软件技术

卢志恒　徐礼长　张文娟　◆著

中国商业出版社

图书在版编目（CIP）数据

航海与编码 ： 轮机工程中的软件技术 / 卢志恒，徐礼长，张文娟著. -- 北京 ： 中国商业出版社，2024. 9.

ISBN 978-7-5208-3040-9

Ⅰ. U676.4-39

中国国家版本馆 CIP 数据核字第 2024Z5E915 号

责任编辑：王　彦

中国商业出版社出版发行

（www.zgsycb.com　100053　北京广安门内报国寺 1 号）

总编室：010-63180647　编辑室：010-63033100

发行部：010-83120835 / 8286

新华书店经销

廊坊市博林印务有限公司印刷

*

710 毫米 ×1000 毫米　16 开　12.75 印张　213 千字

2024 年 9 月第 1 版　2024 年 9 月第 1 次印刷

定价：58.00 元

* * * *

（如有印装质量问题可更换）

作者简介

卢志恒，男，现就职于共青科技职业学院信息工程学院，副教授 / 工程师，研究生，高级双师，长期从事高校教学与计算机科学研究。获省级教学成果奖二等奖；主持参与完成国家级科研课题 3 项、省级科研课题 4 项；主编教材 2 部；发表论文 12 篇（SCI 检索 1 篇、EI 检索 1 篇）、获发明专利 2 项、实用新型专利 8 项。主讲的“C 语言程序设计”课程入选江西省线上精品课程。指导学生参加蓝桥杯全国软件和信息技术专业人才大赛等获国家级和省级一等奖 6 项、二等奖 16 项、三等奖 22 项。

徐礼长，男，现就职于共青科技职业学院，讲师。毕业于泰国博人大学教育管理专业，硕士研究生学历，主要研究方向为教育管理与通信工程。先后在《大学》《中外交流》等期刊发表论文数 10 篇，主编《实用电工电子技术》教材 1 部。

张文娟，女，现就职于共青科技职业学院，讲师。毕业于江西农业大学计算机科学与技术专业，硕士研究生学历，主要研究方向为计算机应用技术。在 *Food Analytical Methods* 发表过 1 篇 SCI 论文，参与并结题江西省教育厅科研重点课题项目 1 项，主持参与新型实用型专利 1 项，主持参与发明专利 1 项。

前言

在全球化进程加快、海运需求不断增长的背景下，航海业面临着前所未有的机遇和挑战。现代船舶不仅需要具备卓越的性能和高效的运行能力，还需符合日益严格的环境法规和安全标准。在此背景下，轮机工程中的软件技术正在成为推动航海业变革的重要力量。智能航海和编码技术的引入，使得船舶设计、运行和维护变得更加智能化和高效化。本书旨在探讨和展示智能航海与编码技术在轮机工程中的多种应用。从最初的设计阶段，通过CAD软件进行精确建模与模拟，到计算流体动力学（CFD）技术优化冷却系统和流体动力学，再到大数据分析和机器学习算法提升运行效率与预测性维护，每一个环节都无不体现着软件技术的深刻影响。

在现代轮机工程中，智能控制系统和自动化技术也发挥着至关重要的作用。通过可编程逻辑控制器（PLC）和分节式控制系统（DCS）等技术，船舶能够实现复杂的自动化控制和实时监控，这大大提升了操作的安全性和可靠性。与此同时，虚拟现实（VR）和增强现实（AR）技术则为船员提供了前所未有的训练和操作环境，提高了其应急响应能力和操作技能。随着物联网（IoT）技术的发展，船舶的各个系统和设备能够实时联网，形成一个智能化的整体。传感器和数据采集系统实时监测引擎状态、航行条件和环境参数，通过大数据分析和AI技术，为船舶运营提供实时优化建议，帮助实现最佳的燃油效率和最小的碳排放。在环境法规和社会责任的双重压力下，船舶能效管理系统的应用变得尤为重要。通过软件技术的支持，这些系统能够对船舶的能源消耗进行实时监控和分析，提出优化方案，在降低运营成本的同时，最大限度地减少环境影响。

本书将深入剖析上述技术的具体应用案例和未来发展方向，探讨软件技术如何革新轮机工程，提升航海业的整体效能与安全性。我们相信，通过对这些先进技术的广泛应用和深入研究，智能航海将开启一个更加高效、安全和可持续发展的新时代。希望本书能够为相关领域的专业人士、研究人员和相关专业的学生提供有价值的参考资料，推动智能航海与轮机工程领域的进一步发展和创新。

目录

第 1 章　航海与轮机工程概述

航海领域的发展与挑战

一、发展趋势

（一）自动化与智能化

1. 自动驾驶船舶

自动驾驶技术依赖先进的传感器系统，如雷达、摄像头、激光雷达（LiDAR）等，这些设备能够实时感知船舶周围的环境和障碍物。通过这些传感器提供的数据，船舶可以精确识别其他船只、浮标、岸边设施以及海上障碍物，从而及时做出反应和决策，确保航行安全。人工智能和机器学习技术是自动驾驶技术的核心。利用这些技术，船舶可以分析和理解复杂的环境信息，预测其他船只和天气条件对航行的影响，并自主调整航向和速度，以避免碰撞和最优化航线。AI 还能根据历史数据和实时条件做出智能决策，提高航行的效率和安全性。

2. 智能船舶管理系统

大数据分析在船舶运输中的应用为船东和船舶管理者提供了全面的数据洞察。通过从船舶各个系统和传感器中收集的海量数据，分析师可以实时监控船舶的各项运行参数，如发动机效率、航速、燃油消耗等。这种实时监控不仅有助于及时调整航行策略以优化能效，还能及时发现潜在的性能问题，如机械设备的异常运行或磨损情况，从而减少未来对船舶的维修成本和停航时间。物联网技术的应用进一步加强了船舶运输系统的智能化和自动化水平，船舶上安装的各种传感器和设备通过互联网连接，形成一个完整的物联网系统。这些设备不仅能够实时收集和传输数据，还能够实现设备之间的互联互通，如发动机、舵机、船体传感器等，使得船舶的各个部分能够协同工作，提高整体性能。

3. 电子航海

电子海图的使用极大地提高了航行安全性和效率。传统纸质海图不仅更新烦琐，还容易出现误差和损坏，而电子海图则通过卫星数据和自动更新功能，提供了更为准确和实时的航海信息。船员可以通过电子海图实时查看船舶的位置、航线和周围环境，包括水深、障碍物、航道和气象信息等。这种实时、精确的信息极大地减少了航行风险，特别是在复杂航道和恶劣天气条件下，能够帮助船员做出更明智的决策，避免碰撞和搁浅事故的发生。

电子日志的应用简化了船舶的日常记录和管理工作。传统纸质日志需要手工记录，既费时又容易出错。电子日志通过数字化记录，不仅提高了记录的准确性和效率，还便于信息的存储、检索和共享。船员可以通过电子日志系统，快速记录航行数据、设备状态和操作日志，并且这些数据可以实时传输到岸基管理系统，便于岸基人员进行监控和分析。这种数字化的记录方式不仅提高了工作效率，还增强了数据的透明性和可追溯性，有助于航行安全的管理和事故调查。

（二）绿色航运

1. 替代燃料

液化天然气（LNG）作为一种低碳燃料，已逐渐在船舶动力系统中得到广泛应用。与传统的重油相比，LNG 燃烧时产生的二氧化碳和硫氧化物显著减少，同时还能够减少氮氧化物和颗粒物的排放。LNG 的应用不仅有助于船舶满足国际海事组织（IMO）日益严格的排放标准，还为航运企业带来了经济效益。由于 LNG 价格相对稳定，且供应链逐渐完善，使用 LNG 作为燃料能够有效降低运营成本。此外，随着 LNG 技术的成熟度和安全性不断提高，其在船舶上的应用更加广泛和可靠。

氢燃料是另一种备受瞩目的清洁能源，具有零排放的显著优势。氢燃料电池在反应过程中只产生水，无任何有害排放物，因此被视为实现完全绿色航运的理想解决方案。尽管目前氢燃料在船舶上的应用仍处于初期阶段，但随着技术的进步和基础设施的完善，其应用前景非常广阔。尤其是在短途航运和近海作业中，氢燃料电池已展现出巨大的潜力。此外，通过利用可再生能源生产氢气，可以进一步减少整个供应链的碳足迹，推动航运业向零碳排放迈进。

电池技术的进步也为船舶动力系统的绿色转型提供了新的可能。现代电池具有能量密度高、充电速度快和使用寿命长等优点，适用于各种类型的船舶。特别是在港口作业、内河航运和短距离运输中，电动船舶凭借其零排放和低噪声的特点，正在逐渐取代传统柴油动力船舶。随着充电基础设施的完善和电池成本的降低，电动船舶的普及速度将进一步加快。此外，电池技术还可以与其他清洁能源系统结合使用，如在 LNG 或氢燃料船舶中搭载电池系统，利用混合动力提高能效，减少污染物排放。

2. 能效管理

风帆辅助推进技术是一种利用风能的创新方式，通过在船舶上安装现代化的风帆系统，利用自然风力来减少燃油消耗。这种技术不仅环保，还能够显著降低运营成本。现代风帆辅助推进系统与传统帆船不同，它采用先进的材料和智能控制技术，可以自动调整帆的角度和面积，以最大限度地利用风力。例如，硬翼风帆、旋翼和牵引风筝等新型风帆技术，已经在一些商船上得到成功应用。这些技术不仅能减少燃油消耗，还能降低二氧化碳和其他污染物的排放，对环境保护具有重要意义。

船体优化设计是另一种有效的节能技术，通过改善船体的流线型设计来减少航行中的水阻力，提高燃油效率。在传统船体设计中，水阻力是影响船舶能效的主要因素之一。采用计算流体动力学（CFD）等先进技术，可以对船体进行精细的流动分析，优化船体的形状和结构，减少水阻力。例如，改进船首形状、优化船尾设计以及采用气泡润滑技术等，都可以显著提高船舶的能效。此外，采用轻量化材料和结构，也能够减少船舶自重，从而进一步降低燃油消耗。

（三）安全与应急管理

1. 高级安全系统

火灾检测系统是船舶安全的核心组成部分之一。船舶在航行过程中，火灾是最常见且最危险的事故之一。先进的火灾检测系统利用多种传感器和检测技术，能够在火灾初期迅速发现并报警。烟雾传感器、温度传感器和火焰探测器可以实时监控船舶的各个部位，一旦检测到火灾的迹象，系统会立即发出警报并启动灭火装置。例如，自动喷水灭火系统可以迅速扑灭火源，防止火势蔓延。此外，火灾检测系统还可以与船舶的中央控制系统联动，在发生火灾时自动关闭相关区域的通风系统，防止火灾扩散到其他舱室。通过这些先进技术的应用，火灾检测系统大大提高了船舶在火灾事故中的应急响应能力，减少了火灾对船员和船舶造成的伤害。

反海盗措施是现代船舶安全系统中的另一个重要方面。随着国际海运贸易的繁荣，海盗活动也日益猖獗，尤其在某些高风险海域，船舶遭遇海盗袭击的风险较高。先进的反海盗系统通过技术和战术相结合，为船舶提供全面的安全保障。雷达和红外探测系统可以实时监控周围海域的动态，识别潜在的海盗威胁。高压水炮、声波驱离装置和电网等非致命性防御手段，则可以在海盗靠近船舶时有效阻止其登船。同时，船舶还可以安装紧急避难室，确保船员在遭遇海盗袭击时有一个安全的藏身之处，等待救援。此外，现代船舶还可以利用卫星通信系统与岸基安全中心保持联系，一旦发生紧急情况，能够迅速寻求支援和救援。通过这些多层次的反海盗措施，船舶在面对海盗威胁时能够更加从容应对，确保船员和货物的安全。

先进的船舶安全系统不仅依赖技术的进步，还需要对船员的良好培训和应急预案的完善。船员应熟练掌握各种安全设备的操作和应急处理流程，定期进行火灾、海盗袭击等应急演练，增强实际应对能力。例如，在火灾演练中，船员需要熟悉火灾报警和灭火设备的使用方法，掌握如何组织疏散和救援。在反海盗演练中，船员需要模拟海盗袭击场景，练习如何利用船舶防御系统进行防御和求救。这些培训和演练能够增强船员的安全意识和应急处理能力，确保在突发事件中能够迅速反应、正确应对。

2. 应急演练与仿真

虚拟现实技术可以创建高度逼真的三维模拟环境，使船员能够在虚拟世界中进行各种操作和演练。通过 VR 技术，船员可以熟悉船舶的各个系统和设备，练习操作流程，进行故障排除和维修。例如，在虚拟机房中，船员可以学习如何启动和关闭发动机，调节各项参数，以及处理常见的机械故障。VR 技术还可以模拟不同的海况和气象条件，使船员在不同的环境下进行航行演练，提高他们在恶劣条件下的操作能力。此外，VR 技术还可用于模拟火灾、碰撞、搁浅等紧急情况，让船员在安全的虚拟环境中进行应急处理演练，熟悉应急预案，掌握应急设备的使用方法，提升应急处理能力。增强现实技术则在实际操作环境中为船员提供实时的辅助信息和指导。通过 AR 设备，船员可以在视野中叠加显示设备操作步骤、系统状态和警报信息，帮助他们更加高效地进行操作和维护。例如，在进行设备检修时，AR 设备可以实时显示设备的内部结构图和操作指南，指导船员正确拆卸和安装零部件，避免误操作和延误。此外，AR 技术还可以用于导航和操舵，提供实时的海图和航行信息，帮助船员准确判断船位和航向，提高航行安全性。在应急情况下，AR 设备可以快速显示应急处理步骤和逃生路线，指导船员迅速采取措施，保障其自身和船舶的安全。

虚拟现实和增强现实技术的应用，不仅提高了船员培训和演练的效率，还大大降低了培训成本和风险。传统的实船培训需要占用大量的船舶资源和时间，成本高昂且风险较大。而通过 VR 和 AR 技术，船员可以在模拟环境中进行高强度、高频次的训练，节省了大量的资源和费用。同时，这些技术还使得培训更加灵活和个性化，根据船员的不同需求和能力，定制适合的培训内容和难度，确保每位船员都能够达到预期的培训效果。此外，虚拟现实和增强现实技术还可以用于船员心理素质的训练。通过模拟各种突发事件和紧急情况，船员可以在虚拟环境中体验高压和紧张的情境，锻炼他们的心理承受能力和应变能力。例如，在模拟火灾演练中，船员需要在烟雾弥漫和高温的环境中进行人员疏散和灭火操作，体验真实的紧张和恐惧感，从而在实际发生火灾时能够更加冷静和果断地处理。

二、面临的挑战

（一）技术集成与网络安全

1. 互操作性问题

供应商的系统和设备兼容性问题给航运行业带来了系统集成的复杂性。船舶上装备的各种设备和系统，如导航设备、通信设备、发动机控制系统等，通常来自不同的供应商。这些设备可能使用不同的硬件接口和通信协议，导致在进行系统集成时需要花费大量的时间和资源来解决兼容性问题。例如，一个船舶可能需要集成来自多个供应商的设备和系统，确保它们能够顺利地进行数据交换和协同工作。由于缺乏统一的标准化接口和通信协议，使得集成过程变得复杂且容易出现故障，从而影响到船舶的操作效率和安全性。

标准化问题影响了数据的有效共享和管理。船舶上的各个系统和设备产生的数据是船舶运营管理的重要依据，包括船舶的位置信息、设备的运行状态、燃油消耗数据等。然而，由于各系统的数据格式和存储方式不同，以及数据安全和隐私保护的要求，使得跨系统和设备之间的数据共享和整合变得困难。

例如，船舶管理系统可能需要同时接收来自导航系统、发动机控制系统和货物追踪系统的数据，用于综合分析和决策支持。如果这些系统之间不能有效地共享数据，将导致“信息孤岛”问题，使得船舶管理人员无法获得完整和准确的运营数据，从而影响船舶的运营效率和安全性管理。

2. 安全防护措施

船舶和航运行业面临的网络安全威胁日益复杂和多样化。船舶自动化系统、航行管理系统、货物追踪系统以及通信和支付系统等都成为潜在的攻击目标。黑客和恶意分子可能通过网络入侵、数据篡改或拒绝服务攻击，造成船舶运行中断、货物损失或者信息泄漏，对船舶安全、经济和声誉造成严重影响。

为了有效应对这些威胁，船舶和航运公司需要开发和实施全面的网络安全策略。建立安全意识和培训计划。船员和船舶管理人员应该接受关于网络安全的培训，了解安全操作指南、风险识别和报告机制等。增强船员的安全意识，可以有效减少人为因素引发的安全漏洞。船舶和航运公司需要实施严格的访问控制和权限管理。确保只有授权人员才能够访问关键系统和数据，限制不必要的网络访问和权限，减少安全风险。此外，加强身份验证和多因素认证，以防止未经授权的访问和入侵。采用先进的防火墙和入侵检测系统是保护船舶网络安全的关键。防火墙可以监控和过滤网络流量，防止恶意流量进入系统；而入侵检测系统可以及时发现并响应网络入侵事件，减少攻击造成的损失。数据加密技术在保护数据安全方面也起着重要作用。对传输和存储在船舶系统中的敏感数据进行加密，能确保数据在传输和存储过程中不被窃取或篡改。同时，定期进行数据备份和恢复测试，以应对可能发生的数据丢失或损坏情况。

（二）环境与气候变化

1. 环境法规压力

绿色技术在航运业的应用是保护海洋生态系统的关键一步。传统的船舶燃油排放会造成空气和水质污染，对海洋生物和沿海生态环境构成威胁。因此，开发和推广使用液化天然气等清洁能源替代传统燃油，是减少温室气体和有害物排放的有效途径。同时，航运公司还可以投资研发更高效的动力系统和船体设计，以减少船舶在航行过程中的能耗和排放。

推广可再生能源如风能和太阳能在港口和船舶上的应用，也是实现航运业可持续发展的重要策略。港口可以建设风力发电设施或安装太阳能光伏板，为船舶提供清洁电力充电，减少港口及停泊期间的碳排放。这不仅有助于减少港口运营对环境的影响，还能提高港口能源的自主性和可持续性。全球范围内的合作与标准制定是推动航运业绿色转型的关键。各国政府、国际组织和行业协会应加强合作，制定统一的环保标准和技术规范，推动绿色技术的研发和应用。通过共同努力，可以实现全球航运业在环境保护方面的可持续发展目标，减少对地球气候和环境的负面影响。

2. 气候变化影响

海平面上升对港口基础设施带来了巨大的压力。随着海平面不断上升，许多沿海港口面临被淹没的风险，港口设施如码头、仓库和装卸设备可能会因长期浸泡在水中而损坏。为了应对这一挑战，港口管理部门需要投入大量资金进行基础设施的加固和提升，如建设更高的防洪堤坝、安装防水设备和加强港口区域的排水系统。这些措施不仅有助于抵御海平面上升的影响，还能在极端天气事件发生时提供额外的保护。

极端天气事件的增加对航行安全提出了新的挑战。暴风雨、飓风和强风浪等极端天气事件频繁发生，使得航行条件变得更加复杂和危险。在恶劣天气下，船舶容易遭遇搁浅、碰撞和设备故障等事故，增加了航运公司的运营风险和成本。为了提高航行安全性，航运公司需要加强船舶的维护和保养，升级导航设备和气象预警系统，以便及时获取准确的天气信息，合理规划航行路线，避开危险区域。气候变化对航运业的影响不仅限于物理设施和航行安全，还涉及经济和社会层面。港口和航运企业需要与政府和国际组织合作，制定应对气候变化的长期战略和政策，通过技术创新和管理优化，可以提高整个行业的抗风险能力和可持续发展水平。例如，推广低碳航运技术，减少温室气体排放，积极参与全球气候治理，为应对气候变化贡献力量。

轮机工程在航海中的作用与重要性

一. 轮机工程的主要内容

（一）船舶动力系统

1. 主机

轮机工程在航海领域中的作用至关重要，其中最核心的是主机，通常为柴油发动机或燃气轮机，它们提供船舶的主要推进力。主机不仅体现技术水平，更是安全、经济和环保的关键。柴油发动机通过燃烧柴油产生动力，驱动船舶前行。它在恶劣海况下表现稳定，具有高效的燃烧过程和显著的燃料经济性，尤其适用于长途航行。柴油的高能量密度使其在消耗较少燃料的情况下能提供持久动力。

相比之下，燃气轮机具有更高的功率密度和更低的排放。它通过燃烧天然气或液化天然气产生动力，具有启动快、操作灵活的特点。在环保法规日益严格的今天，燃气轮机因其较低的二氧化碳和硫氧化物排放，成为船舶主机技术的重要方向。

在智能船舶时代，主机的智能化管理和控制成为发展趋势。集成先进传感器和自动控制系统，主机运行状态可以实时监测，并根据海况和负载等因素自动调整运行参数，实现最佳燃油效率和最低排放。远程监控技术为主机维护和故障诊断提供支持，岸基技术人员可以实时掌握主机情况，及时提供技术支持，减少停航风险。随着国际海事组织不断提升排放标准，主机排放控制技术备受关注。通过优化燃烧过程、采用废气处理装置和引入清洁燃料等措施，主机在降低污染物排放方面取得显著成效。

2. 辅机

辅机设备包括发电机组、锅炉系统、泵系统和压缩空气系统等。其中，发电机组是辅机系统的核心，负责为船上的电气设备供电。无论是导航、通信、自动化控制系统，还是照明和生活设施，都依赖发电机组提供的稳定电力。现代船舶通常配备多个发电机组，确保电力供应的可靠性，即使一个出现故障，其他发电机组也能迅速接替。

锅炉系统产生的蒸汽不仅用于船舶供暖，还为辅助机械设备提供动力，如蒸汽驱动的涡轮机、泵和制冷系统等，提高整体能效。各种泵设备，如燃油泵、冷却水泵、压舱泵和消防泵，确保船舶各类液体的传输和管理。燃油泵输送燃油到发动机和发电机，冷却水泵循环冷却水以维持设备适宜温度，压舱泵调节船舶稳定性和吃水深度，消防泵在紧急情况下能提供充足的水源用于灭火。

在现代智能船舶中，辅机设备的智能化和自动化管理进一步提高了运营效率和安全性。通过传感器和自动控制系统，辅机设备的运行状态可以实时监控，并根据需求自动调整运行参数。远程监控技术使岸基工程师实时掌握辅机设备状态，提供及时技术支持和维护建议，减少设备故障对运营的影响。辅机设备在环保方面也发挥重要作用。采用先进的排放控制技术和优化运行方式，辅机设备能有效减少污染物排放，降低对环境的影响。节能技术应用进一步提高了辅机设备的能效，降低了燃料消耗和运营成本。

（二）船舶机械系统

1. 锅炉系统

在现代航海工程中，锅炉系统扮演着至关重要的角色。它不仅为船舶提供蒸汽，确保船舶供暖和舒适的生活环境，还驱动关键的辅助机械设备，使船舶运行更高效和可靠。锅炉系统的核心功能是产生高温高压蒸汽，用于供暖和机械驱动。

在寒冷海域，锅炉系统提供的蒸汽确保船舶内部温暖，保障船员的舒适和健康。此外，蒸汽用于热水供应，为船员提供洗浴和饮用水的热源，维持良好的生活质量，保障工作效率和心理健康。锅炉系统还驱动船上的辅助机械设备，其正常运行对船舶整体运营至关重要。现代锅炉系统采用先进技术，提高效率和环保性能。通过优化燃烧过程，锅炉能更高效地利用燃料，减少消耗和废气排放。先进燃烧控制技术调节燃料和空气混合比例，确保完全燃烧，减少未燃尽的碳和有害物质排放。废气处理装置如废气洗涤器和催化转换器进一步净化烟气，从而减少环境污染。

智能化和自动化技术应用使锅炉系统运行更高效安全。通过传感器和自动控制系统，实时监测运行状态，根据需求自动调整参数，确保最佳工况。远程监控技术使安全工程师实时掌握锅炉系统状态，提供及时技术支持和维护建议，避免锅炉故障导致的停航和安全风险。定期检查和维护预防潜在故障，延长设备使用寿命。定期清洗锅炉管道和换热器，防止结垢和腐蚀，提高传热效率。维护人员需具备专业技术知识和操作技能，及时发现和解决问题，确保锅炉系统长期稳定运行。

2. 泵系统

泵系统在船舶的各项运行中发挥着至关重要的作用。燃油泵系统保证了动力设备的正常燃油供应，冷却水泵系统维护了机械设备的温度稳定，压舱泵系统确保了船舶的稳定性和安全航行，消防泵系统则为船舶提供了可靠的火灾防护。现代泵系统通过先进的设计和自动化控制技术，不仅提高了运行效率和安全性，还在节能和环保方面取得了显著进展。泵系统的高效运行是船舶安全、高效和可持续运营的重要保障，随着技术的不断进步，泵系统将在未来的航海工程中继续发挥关键作用，推动航运业迈向更高效和绿色的未来。

3. 压缩空气系统

压缩空气系统在启动主机方面起着核心作用。船舶主机启动需要强大的瞬时动力，高压空气释放能够迅速推动主机活塞启动，特别在低温和紧急情况下表现出色。现代压缩空气系统配备多个储气罐和高效空气压缩机，确保充足的高压空气供应，即使连续多次启动主机也能保持稳定性能。在船舶维修和操作中，气动工具如扳手、钻机和抛光机通过压缩空气驱动，实现高效、强力操作，提高工作效率，减小劳动强度。压缩空气还用于清洁和维护，通过高压空气喷射快速清除设备表面的灰尘和污垢，保持设备良好状态和运行效率。

压缩空气系统在废气处理和排放控制中也有重要应用。通过压缩空气喷射，促进废气混合和反应，提高废气处理装置效率，减少有害物质排放。压缩空气系统可与废气再循环技术结合，优化燃烧过程，降低燃油消耗和排放，从而符合国际海事组织的环保法规，推动航运业绿色发展。现代压缩空气系统采用先进技术提升性能和可靠性。自动化控制和智能监测系统实时监控空气压力、流量和质量，及时调整运行参数，确保系统处于最佳状态。远程监控技术使岸基工程师可实时掌握系统状态，提供及时技术支持和维护建议，避免因故障导致的停航和安全风险。定期检查和维护预防故障，延长设备使用寿命，如清洗压缩机和储气罐、定期更换空气滤芯，确保压缩空气清洁纯净。维护人员需具备专业技术知识和操作技能，及时发现和解决问题，确保压缩空气系统长期稳定运行。

（三）电气系统

1. 发电机和配电系统

船舶发电机是电力供应的核心，通常由柴油发动机驱动，通过发电机组将机械能转换为电能。船舶通常安装多台发电机，确保在任何情况下都能提供充足电力。主发电机在常规运行中提供主要电力，辅发电机在主发电机故障或检修时提供备用电力。应急发电机在所有主辅发电机故障时确保关键设备如导航灯、通信系统和应急泵等的持续运行。

船舶配电系统由配电盘、断路器、变压器和配电线路等组成，确保电力按需分配。配电盘是核心，通过集中开关和控制装置，实现电力合理分配和管理。断路器在电力过载或短路时自动切断电路，保护设备和线路。变压器调节电压，使电力适应不同设备的需求。

为确保电力系统稳定运行，船舶通常配备多种安全和管理措施。自动负荷分配系统实时监测各发电机运行状态，自动调整负荷分配，确保电力供应稳定高效。电力管理系统全面监控和控制整个电力系统，及时发现和处理潜在问题。定期维护和检修是保证电力系统可靠性的关键，维护人员需具备专业知识和技能，及时解决电力系统问题，防止故障发生。智能电网技术通过实时监测和优化电力系统运行，提高电力分配效率和可靠性。远程监控和诊断技术使岸基工程师实时掌握船舶电力系统状态，提供及时技术支持和维护建议，避免因电力系统故障导致的停航和安全风险。

2. 自动化控制系统

自动化控制系统在现代船舶中发挥着至关重要的作用，通过自动化控制和监测设备，提高了操作效率和安全性，促进了航运业的技术进步和运营优化。船舶自动化控制系统包括自动驾驶、机舱管理、货物装卸、能效管理等多个方面。自动驾驶系统利用全球定位系统（GP）S、雷达、声呐和自动识别系统（AIS）等多种传感器，实时感知周围环境和船舶状态，自动规划航线并进行导航控制。这不仅减轻了船员的工作负担，提高了航行的精确性，还能够在复杂和危险的海况下提供更高的安全保障。实现了节能减排的环保目标，同时推动了航运业向智能化和绿色化方向发展。随着科技的不断进步，自动化控制系统将在未来的航海工程中发挥更为重要的作用，助力航运业实现更高效、更安全和更可持续的发展。

二、轮机工程在航海中的重要性

（一）确保船舶安全运行

1. 机械设备的维护和管理

机械设备的维护和管理对于船舶运输的安全性和可靠性至关重要。作为船舶的主要动力来源和操作支持，各种机械设备如主机、辅机、锅炉、泵、发电机和配电系统等，由轮机工程师负责日常的维护和管理工作。这些设备不仅保障船舶的正常运行，还直接关系到船员的安全和船舶的经济效益。

主机作为船舶的核心动力装置，负责提供推进力。轮机工程师需要定期检查主机的各项运行参数，包括转速、温度、润滑油压力等。通过精确的监测和调整，确保主机在高效稳定地工作的同时，提高船舶的航行效率和燃油利用率。由于任何主机的故障都可能导致船舶停航，因此轮机工程师在日常维护中必须严谨细致，确保主机的长期可靠性。轮机工程师需要定期检查和维护这些设备，以确保电力和空气的稳定供应。发电机组的维护涉及电机绝缘、换油、清洁空气滤芯等工作，保证电力系统的安全和稳定运行；空气压缩机则需保持压力稳定和设备清洁，以支持船舶各项气动系统的运行。轮机工程师负责监控锅炉的水位、压力和燃烧情况，确保蒸汽的稳定供应和燃烧效率。精确的温度和压力控制对于锅炉系统的安全和节能至关重要，轮机工程师需依据制造商指南和操作手册进行操作和维护。轮机工程师还需定期检查泵的轴承、密封、运行状态和流量，保证泵的正常运行和性能优化。及时发现和解决泵的故障或损坏，可以避免因泵失效而造成的船舶性能下降或事故发生。轮机工程师负责监控发电机的电压、频率和负载情况，确保电力系统的平稳运行；配电系统则需要定期检查电缆、接头和开关，保证电力分配的安全和高效。

2. 故障诊断与应急处理

故障诊断与应急处理是轮机工程师在船舶运行中至关重要的职责，他们的能力直接影响着船舶在海上航行过程中的安全性和可靠性。作为船舶上机械设备的专家，轮机工程师不仅需要具备深厚的技术知识和丰富的实践经验，还需要在面对各种紧急情况时能够迅速冷静地做出正确的决策和应对措施。

当船舶设备出现异常或故障时，轮机工程师需要凭借丰富的经验和深入的理解，快速而准确地确定问题的根源。例如，主机停机可能由于燃油供应问题、润滑系统故障或机械部件损坏等多种原因引起，轮机工程师需要通过仪表数据、声音、振动等各种线索进行分析和判断，找出故障点并及时采取措施。船舶在海上航行时，可能面临各种突发情况，如主机失效、电力系统故障、泄漏等。在这些紧急情况下，轮机工程师需要迅速展开应急响应，采取有效措施防止事态进一步恶化。这包括临时修复、紧急启动备用设备、调整航行计划或寻求外部援助等，以确保船舶和船员的安全。

在实际操作中，轮机工程师经常面临时间紧迫和环境复杂的挑战。他们需要在海上动荡的环境中操作设备，可能需要穿越狭窄和高温的机舱，处理动力装置和高压设备。因此，身体素质和应急反应能力也是轮机工程师必备的重要素质。在紧急情况下，他们可能需要与船上其他部门和岸上的技术支持团队紧密合作，共同应对复杂的技术挑战和应急情况，以最大限度地减少船舶停航时间和风险。

（二）提高运营效率

1. 燃油效率优化

燃油效率优化需要轮机工程师对船舶主机的运行情况进行深入的分析和监测。他们通过仪表数据和性能指标，如燃油消耗率、发动机负载、转速和排放浓度等，全面评估主机的工作状态和效率水平。基于这些数据，轮机工程师能够识别出潜在的节能机会和改进空间。这包括调节燃油喷射压力、优化空燃比、改进点火时机等措施，以提高燃烧效率和能量利用率。通过精确的调整，轮机工程师可以使发动机在各种负载和速度条件下都能实现最佳的燃油效率，从而减少不必要的能量损失和燃油消耗。

他们根据船舶的航行路线、天气条件和货物负载等因素，合理安排航行速度和发动机功率输出，以最大限度地降低燃油消耗。在实际操作中，轮机工程师可能会实施巡航节油模式、船速优化策略等措施，确保船舶在满足运输需求的同时，尽可能地减少能源消耗和环境影响。减少燃油消耗意味着减少二氧化碳和其他排放物的排放量，降低航运业对环境的负荷，从而符合国际海事组织和各国的环保法规要求。轮机工程师通过技术手段和管理措施，积极响应全球减排的号召，为船舶行业的绿色转型和可持续发展贡献力量。

2. 能量管理与设备优化

能量管理涵盖了对船舶各个能源系统的全面监控和调节。轮机工程师通过实时监测船舶的能源消耗情况，包括燃油、电力、空气压缩和热能等，分析和评估每个系统的能源利用效率。他们根据船舶的航行计划、负载情况和环境条件，制定合理的能源管理策略，以优化能源分配和利用。

轮机工程师通过定期检查和维护船舶上的主机、辅机、锅炉、泵、发电机组等核心设备，保证其在最佳工作状态下运行。这包括清洁设备、调整参数、更换耗损部件等操作，以降低能量损耗和提高设备运行效率。在实际操作中，轮机工程师可能会采用先进的技术手段和智能监控系统，实现设备运行的自动化和远程监控。通过实时数据分析和反馈，他们能够及时发现设备运行中的异常和潜在问题，并采取预防性措施，避免设备故障和能源浪费。减少能源消耗和排放，通过技术创新和管理手段实现能效的提升，是轮机工程师们为航运行业绿色发展作出的重要贡献。他们的努力不仅符合国际海事组织和各国的环保法规要求，还促进了船舶行业向着更加高效、环保和可持续的方向前进。

（三）推动技术创新

1. 自动化和智能化技术应用

自动化技术的应用使得船舶的各种机械设备能够实现高度的自主运行。自动控制系统能够精确地监测和调节主机、辅机、泵系统、发电机组等设备的运行参数和工作状态，根据预设的算法和逻辑进行自动化操作。例如，在航行过程中，自动控制系统能够根据船舶的速度、负载和环境条件自动调整发动机的功率输出，以实现最佳的燃油效率和航行性能。远程监控系统使得轮机工程师可以实时远程监测船舶各系统的运行情况。通过传感器和数据采集设备，监控系统能够收集和传输船舶各部件的实时数据，如温度、压力、振动等，并将这些数据发送至岸上的监控中心或工程师的移动设备上。这种实时监控不仅能够帮助轮机工程师迅速发现和诊断潜在问题，还能够让其及时采取措施，预防设备故障和事故的发生，提高船舶的安全性和可靠性。传统上，许多船舶操作需要依赖船员的手动干预和调节，容易受到人为因素的影响。而自动化系统能够在一定程度上替代人工操作，从而减少了船员的工作负荷和操作错误的可能性。这不仅提高了船舶的操作效率，还降低了运营成本和人力成本，使船舶能够更加高效和经济地运行。

2. 清洁能源与环保技术

清洁能源技术在现代轮机工程中的应用，标志着航运业向更加环保和可持续发展的方向迈进。作为船舶上负责机械设备管理和维护的专业人员，轮机工程师在推动清洁能源技术的发展和应用中发挥着重要作用，以减少船舶的碳排放和环境污染，提高船舶运输的可持续性和环保水平。轮机工程师还积极探索和应用其他清洁能源技术和环保技术，如风能和太阳能发电装置的集成，以及船舶废气处理和水质净化系统的优化。这些技术不仅有助于降低船舶运营的环境影响，还能够提升船舶在市场竞争中的优势，满足国际海事组织和全球环保标准的要求。

（四）支持全球贸易和经济发展

1. 保障货物运输

轮机工程师在确保船舶的高效运行上，发挥了关键作用，保障全球货物运输的顺畅进行，进而促进国际贸易和经济发展。他们还负责船舶的机械设备和动力系统的维护与管理。这包括主机、辅机、发电机组、压缩空气系统等各种关键设备的日常检修和定期维护。通过确保这些设备的稳定运行和高效性能，轮机工程师能够减少船舶在航行中的故障和停工时间，从而保证货物运输的持续性和可靠性。轮机工程师通过提高船舶的燃油效率和节能减排技术，降低了运营成本，提高了航行效率。这不仅使船舶在运输过程中更具竞争力，还能够为货主提供更经济、高效的货运服务。他们具备快速诊断和解决问题的能力，能够在任何时间和任何地点迅速采取措施，确保船舶和货物的安全。这种高效应对能力对于维护全球货物运输的稳定性至关重要，特别是在面对突发事件或不可预见的挑战时。另外，轮机工程师在推动船舶技术的创新和发展方面也发挥了重要作用。他们参与开发和应用新技术，如自动化控制系统、智能监控设备和清洁能源技术，这些技术不仅提高了船舶的安全性和操作效率，还为未来全球贸易的可持续发展奠定了基础。

2. 提高供应链效率

高效的轮机系统在提高供应链效率中扮演关键角色。它们通过优化船舶的动力系统和机械设备，确保船舶能够以更快速度和更低的能耗完成航行任务。这不仅缩短了货物运输的时间，还降低了运输成本，从而提高了供应链的整体效率。高效的轮机系统通过节能技术和燃料优化，减少了能源消耗和碳排放。这种节能减排不仅降低了运营成本，还有助于符合国际环保标准，增强了企业的可持续发展能力。此外，轮机工程师的技术创新和应对能力也是提高供应链效率的重要因素。他们能够快速应对各种机械故障和紧急情况，确保船舶运行的连续性和安全性。这种高效的故障诊断和修复能力，保证了货物运输过程中的稳定性，有效地缩短了不可预见事件对供应链的影响。

智能船舶中的轮机工程技术应用

一. 自动化控制系统

（一）自动化发动机控制

自动化发动机控制在现代工程中扮演着关键角色。通过高度精确的传感器和先进的控制算法，系统能够实时监控和调整发动机的各项运行参数。这不仅确保了发动机在各种工作负载和环境条件下的最佳性能，还大幅提高了燃油效率，从而降低了运营成本和对环境的影响。自动化系统使得发动机的启动和停止过程完全自动化，减少了人工干预的可能性。这种自动化不仅节省了操作人员的时间和精力，还提高了整体操作效率和安全性。在航海和工业应用中尤为重要，因为发动机的稳定运行直接关系到设备和船舶的整体性能和安全性。先进的监测设备和算法不仅能够快速响应发动机状态的变化，还能预测潜在的故障，并采取预防性措施，以避免设备停机时间和维修成本的增加。

（二）自动化辅助系统

1. 锅炉自动控制系统

锅炉自动控制系统在现代工业和航海领域中扮演着至关重要的角色。自动控制系统能够精确地监测和调整锅炉的燃烧过程。通过实时检测燃料和空气的混合比例，并根据锅炉负荷和需求自动调整，从而确保燃烧过程达到最佳状态。这不仅提高了燃料的利用效率，减少了能源消耗，还降低了排放的污染物，符合现代环保要求。系统通过监测锅炉水位、蒸汽压力和温度等关键参数，自动调节给水量和蒸汽排放，确保锅炉在不同负荷下稳定运行，并防止因过载或过压导致的安全风险。根据实际需求，系统能够自动启动或停止锅炉，并根据负荷的变化自动调节燃烧器的工作状态，以保持稳定的蒸汽输出。这种自动化操作不仅提高了运行效率，还减少了人工操作的需求，降低了操作人员的工作强度和出错可能性。

2. 自动泵控制

自动泵控制系统通过安装在泵上的传感器，实时监测关键参数如流量、压力、温度等。这些传感器能够准确捕捉流体传输过程中的变化，从而及时反馈给控制系统。控制系统利用先进的算法分析传感器提供的数据，并自动调节泵的运行参数。例如，根据流体需求的变化调整泵的转速或输出压力，以确保流体传输在不同工况下都能保持稳定和高效。在多泵并联或串联运行时，系统能够根据流量和压力的变化，自动启停泵或调节各泵的工作状态，以实现最佳的能效和功率利用。这种自动化操作不仅提高了流体传输系统的运行效率，还降低了人工干预的需求，减少了操作人员的工作强度和发生错误的可能性。同时，由于系统能够快速响应和调整，还能减少由于流体输送不稳定导致的设备损坏和生产中断的风险。

二、远程监控与诊断

（一）远程监控系统

1. 实时数据传输

实时数据传输在现代航海工程中扮演着至关重要的角色，通过卫星通信和物联网技术，实现了船舶机械和动力系统的远程监控和管理，极大地提高了船舶运营的安全性、效率和可靠性。

卫星通信技术为船舶提供了稳定而广泛的通信覆盖。船舶位于海上时，常常远离陆地基础设施，传统的无线通信网络难以覆盖到。而通过卫星通信，船舶可以实现全球范围内的通信连接，确保了数据传输的持续性和可靠性。这使得船舶的实时数据，如发动机运行状态、燃油消耗、电力分配等关键信息，能够即时传输到岸基控制中心。通过在各种关键设备和系统上安装传感器，可以实时采集各种参数数据，如温度、压力、转速、液位等。这些数据通过物联网技术传输到云平台或岸基控制中心，为操作人员提供详尽的设备运行状态和性能数据。岸基控制中心通过实时监控数据，能够迅速发现设备的异常状态或潜在问题，并及时采取预防性维护措施。这种预测性维护不仅减少了设备突发故障的可能性，还最大限度地保证了船舶的安全性和可靠性。操作人员可以通过远程监控系统，实时调整设备运行参数，提高船舶的能源利用效率，降低运营成本。同时，及时传输的数据也为管理决策提供了科学依据，帮助船东和船舶管理者制订更加合理和有效的航行计划和资源配置策略。

2. 实时状态监控

实时状态监控允许岸基工程师远程访问船舶上各种关键设备和系统的数据。无论是发动机的运行状况、电力系统的分配情况，还是航行中的位置和速度等信息，这些数据都能通过网络实时传输到岸基控制中心。这种及时获取数据的能力使得岸基工程师能够全面了解船舶的运行状态，及时发现和解决潜在问题。

实时监控系统通过各种传感器和监测装置，能够收集到关于船舶各个系统的详细数据。这些数据不仅包括设备的实时运行参数，还包括环境条件如海况、天气等因素对船舶的影响。岸基工程师可以通过分析这些数据，评估船舶的整体性能和运行安全性，及时采取必要的措施来应对可能出现的问题，如调整航线、优化设备运行参数等。一旦船舶上的设备出现异常或故障，船上的工作人员可以通过系统报警或手动反馈信息给岸基工程师。岸基工程师可以远程连接到船舶系统，进行详细的故障诊断，并指导船上工作人员进行相应的维修和修复工作。这种远程支持不仅提高了故障处理的效率，还减少了因故障而导致的船舶停航和生产损失。最重要的是，实时状态监控系统为航运公司和船东提供了重要的决策支持。通过实时数据的分析和报告，岸基管理人员可以制订更加科学和有效的航行计划、资源调配方案和设备维护策略。这些决策不仅有助于提升船舶运营的经济效益，还能够有效应对复杂多变的海上环境和市场需求。

（二）故障诊断与预测维护

1. 故障诊断系统

故障诊断系统通过各种传感器和监测设备实时收集船舶机械设备的运行数据。这些数据涵盖了设备的各种参数，如温度、压力、转速等，以及设备的工作状态和性能表现。通过连续不断的监测和记录，系统能够建立起设备的运行历史数据库，为后续的数据分析和故障诊断提供基础。通过数据挖掘算法和模式识别技术，系统能够检测设备运行中的异常行为或潜在故障迹象。例如，系统可以识别出某个部件温度异常升高的趋势，或者设备某个参数偏离预设范围的情况，从而预测出可能发生的故障。故障诊断系统的优势还在于其能够实现远程监控和智能诊断。即使船舶远离岸基，系统仍能通过卫星通信或者互联网将实时数据传输到岸基控制中心。这样一来，岸基工程师可以随时远程连接到船舶系统，进行详细的故障诊断和分析，为船上工作人员提供实时技术支持和建议，最大限度地减少故障处理时间和维修成本。

2. 预测维护

预测维护依托对设备历史数据的深入分析。这些数据包括设备过去的运行记录、维修历史、故障发生的频率和原因等。对这些数据的系统分析，可以发现设备运行中的规律和潜在的故障模式。在设备上安装传感器，还可以实时监测其运行状态，系统能够收集包括温度、振动、压力、转速等各种参数。这些实时数据为设备当前的健康状况提供了直接的反馈。通过与历史数据的对比分析，系统能够监测到设备性能的微小变化和异常波动，从而及时识别出潜在的故障风险。例如，设备某一部分温度异常升高或振动异常加剧，可能预示着即将发生故障，系统能够提前发出警报，安排维护人员进行检查和修理，避免设备突然停机和生产中断。预测维护的实施不仅能避免突发故障带来的损失，还能优化维护资源的使用，减少不必要的停机时间和维修成本。传统的定期维护模式往往过于保守，导致不必要的零部件更换和维修费用。而预测维护则通过科学的预测和计划，能够在设备真正需要维护时进行精准地维护操作，提高了维护工作的效率。

三、能效管理与提高

（一）燃油效率提高

燃油是船舶运行中的重要成本之一，因此提高燃油效率直接关系到航运公司的经济效益。通过实时监测船舶的能效指标，如每吨货物的能耗、每海里的燃油消耗等，系统能够及时反馈当前的燃油消耗情况。这些数据不仅能帮助船员了解船舶当前的能效状况，还能提供具体的优化建议。航线选择也能影响燃油效率，选择更为经济的航线能够减少船舶的航行距离和时间，从而减少燃油消耗。此外，通过优化发动机运行参数，如调整燃料供给量、空气进气量等，确保发动机在最佳工作点运行，最大限度地提高燃油利用率。

现代船舶配备了高度智能化的燃油管理系统，利用先进的传感器和实时数据分析，能够监测发动机的各项运行参数，实时调整并优化操作。例如，通过大数据分析和机器学习算法，系统能够预测出最佳的燃油消耗模式，建议船员在不同的航行条件下采取相应的操作策略，从而最大化地降低燃油消耗。减少燃油消耗不仅降低了运营成本，也减少了二氧化碳等温室气体的排放，有助于船舶行业实现更为环保的发展目标。通过科学的燃油管理和优化，船舶可以在提高经济效益的同时，积极响应全球环境保护的呼吁，减少对海洋和大气的污染。

（二）综合能量管理

1. 能量分配系统

能量分配系统通过科学的管理和调控，能确保船舶上所有关键设备都能获得稳定的能源供应。船舶上的主要设备包括主机、辅机、发电机、压缩空气系统和冷却系统等，这些设备对能量的需求各不相同。能量分配系统能够实时监控各设备的运行状态和能量消耗情况，并根据实际需求合理分配能量，避免了因能源供应不足或过剩而导致的设备故障和能源浪费。

传统的能量分配方式往往存在能源利用不均衡的问题，导致部分设备运行效率低下，甚至引发不必要的能源浪费。现代能量分配系统采用先进的控制算法和智能化技术，能够精确调节各设备的能量供应，最大限度地提高能源利用效率。这不仅降低了燃料消耗和运营成本，还减少了二氧化碳和其他有害气体的排放，对环境保护具有积极作用。

能量分配系统的智能化管理还提高了船舶的操作灵活性和安全性。通过自动化控制和实时监测，系统能够迅速响应各种突发情况，如设备故障、负载变化和外部环境变化等，及时调整能量分配策略，确保船舶的安全稳定运行。尤其是在恶劣海况或紧急情况下，能量分配系统的快速响应能力尤为重要，能够有效避免因能量供应不当而引发的安全风险。

2. 可再生能源利用

再生能源利用在现代船舶行业中正变得越来越重要，它的应用不仅有助于减少传统燃料的使用量，还能提高船舶的能源独立性和安全性。通过分布式能源系统，船舶在面对突发状况或设备故障时，可以依靠再生能源系统提供的辅助电力，确保基本功能的运行，增强船舶的应急能力和航行安全。此外，再生能源系统的引入还促进了船舶技术的创新和发展，推动了相关产业的进步和升级。通过结合太阳能、风能等再生能源，为船舶提供辅助能源，可以有效降低传统能源的使用率，实现节能减排的目标。这不仅有助于减少航运业对环境的影响，推动绿色航运的发展，还提高了船舶的运行效率和经济效益。随着技术的不断进步和应用的推广，可再生能源在船舶中的利用将越来越广泛，并为实现全球航运业的可持续发展提供强有力的支持。

四、环境保护与排放控制

（一）排放控制技术

排放控制技术不仅对环境保护具有重要意义，还推动了航运业的技术进步和创新发展。随着环保法规的日益严格，船舶运营方越来越重视排放控制技术的应用和研发。先进的环保技术不断涌现，如使用低硫燃料油、液化天然气和氢燃料等清洁能源，以及开发更高效的排放处理装置。这些技术的应用不仅提高了船舶的环保性能，还提高了航运企业的市场竞争力和社会形象。

排放控制技术通过安装废气洗涤器和催化转换器，有效减少了硫氧化物和氮氧化物的排放，实时监测碳排放量，确保船舶符合国际环保法规的要求。这些技术的应用不仅显著降低了船舶对环境的影响，保护了海洋和大气环境，还推动了航运业的绿色转型和可持续发展。未来，随着技术的不断进步和应用的推广，排放控制技术将继续在航运业中发挥重要作用，为实现全球环境保护目标贡献力量。

（二）清洁能源技术

1. 液化天然气发动机

液化天然气发动机在现代航运业中正逐渐成为一种重要的环保技术。LNG 作为一种清洁燃料，具有显著的环保优势。与传统的高硫燃料油相比，LNG 燃烧时几乎不产生硫氧化物（SO_x）和颗粒物排放，大大减少了空气污染。同时，LNG 燃烧过程中的氮氧化物（NO_x）排放也显著低于柴油和重油。这些特性使得 LNG 发动机在减少船舶排放方面表现出色，有助于保护大气环境，减少酸雨和雾霾的形成。使用 LNG 作为燃料还能减少二氧化碳的排放量，从而降低温室气体排放，帮助航运业实现碳减排目标，从而推动全球气候治理。现代 LNG 发动机采用了先进的燃烧控制和优化技术，能够在各种航行条件下保持高效运行。安全方面，LNG 储存和运输技术的发展确保了 LNG 作为船舶燃料的安全性，减少了使用过程中的风险。LNG 加注基础设施的完善也为 LNG 发动机的推广应用提供了有力支持，越来越多的港口和航线开始具备 LNG 加注能力，这也方便了 LNG 船舶的运营。

随着环保法规的日益严格，船舶运营商必须寻找更加环保的解决方案。LNG 发动机作为一种符合未来环保标准的技术，得到了广泛关注和支持。一些国家和地区已经出台了鼓励使用 LNG 作为船舶燃料的政策和激励措施，推动 LNG 发动机在航运业中的应用。技术创新方面，LNG 发动机的研发和应用促进了相关产业链的发展，带动了 LNG 燃料在供应、储存和运输等领域的技术进步。

2. 燃料电池技术

燃料电池技术的核心原理是将化学能直接转化为电能，过程中的副产品主要是水和少量的热量。这种高效的能量转换方式使得燃料电池在能效和环保方面具有显著优势。相比传统的内燃机，燃料电池可以在不产生二氧化碳、氮氧化物和硫氧化物等有害排放物的情况下，为船舶提供清洁的电力供应。在实际应用中，燃料电池通常作为辅助动力源，与主动力系统协同工作。在航行过程中，燃料电池可以为船上的各类电气设备提供电力，减少对传统柴油发电机的依赖，降低燃油消耗和排放。通过与船舶的能源管理系统集成，燃料电池能够根据实际需求动态调整输出功率，提高能量利用率。例如，在负载较低的情况下，燃料电池可以单独运行，避免传统发动机在低效率区间工作，从而提高整体能效。通过这种方式，燃料电池不仅降低了燃油消耗，还延长了主动力系统的使用寿命，减少了维护成本。

尽管燃料电池技术在航海领域的应用前景广阔，但仍面临一些挑战。主要问题是燃料电池系统的成本较高、氢燃料的储存和运输技术尚需完善等。然而，随着技术的不断进步和规模化生产的推进，这些问题有望逐步得到解决。各国政府和企业的积极推动也为燃料电池技术的应用提供了强有力的支持，进一步加快了其在航运业的推广和应用。

（三）环保意识与培训

在现代航运业中，增强船员和相关人员的环保意识和技术水平显得尤为重要。随着环保法规的日益严格和公众环保意识的不断增强，航运业必须采取有效措施，减少对环境的影响。增强船员的环保意识和技能，不仅有助于在日常操作中减少排放，还能促进环保措施的有效落实。例如，船员在航行过程中，通过合理调整航速和航线，可以减少燃油消耗和废气排放。在港口作业时，通过规范操作压载水处理系统和废弃物管理系统，可以有效防止海洋污染。这些日常操作中的环保措施，需要船员具备较高的环保意识和专业技能才能有效执行。

除了船员，相关管理人员和岸基工程师的环保意识和技术水平的提高同样重要。对管理人员和技术人员的培训，可以提高他们在环保决策和技术支持方面的能力。例如，管理人员通过培训可以更好地制定和执行环保政策和管理制度，确保船舶在运营中遵守环保规范。岸基工程师通过培训可以提高远程监控和技术支持能力，及时发现和解决船舶运营中的环保问题，并提供科学的技术指导。

（四）船舶设计改进

船舶设计改进在提高能效和减少排放方面发挥着重要作用。采用空气润滑系统、优化船体线型等先进技术，可以显著减少船舶的运行阻力，提高能效，降低燃油消耗和排放。无论是在新船设计还是现有船舶改造过程中，环保设计理念和技术的应用，都有助于航运业的可持续发展。未来，随着科技的不断进步和环保意识的增强，船舶设计将更加绿色、高效，为全球环境保护和经济发展作出更大贡献。

在新船设计过程中，环保设计理念贯穿整个设计环节。除了空气润滑系统和船体线型优化，设计师还考虑了其他多种环保技术。现代船舶设计还强调模块化和轻量化设计，通过合理布局和结构优化，减轻船体重量，提高载货能力和经济效益。

在现有船舶改造过程中，环保技术的应用同样重要。通过改造现有船舶，可以在不改变船体结构的前提下，显著提高能效和减少排放。改造现有的推进系统和能源管理系统，也是提高船舶能效的有效途径。通过采用先进的燃油喷射技术和废气再循环技术，可以提高发动机的燃烧效率，减少有害物质排放。

船舶设计改进虽然在技术层面上有诸多益处，但是还需要政策和管理层面的支持。国际海事组织和各国政府制定了一系列环保法规和标准，推动船舶设计向绿色环保方向发展。船舶制造企业和航运公司也在不断探索和应用环保技术，提升其竞争力和社会责任感。

五. 智能维护与管理

智能维护与管理作为现代工业和航运领域的重要创新手段，正引领着设备管理向高效、智能和可持续方向迈进。通过先进的技术和科学的管理方法，智能维护与管理实现对设备全生命周期的精细化管理，提高设备的运行效率和可靠性，降低维护成本和意外停机风险。随着科技的不断进步和管理水平的提高，智能维护与管理将发挥更大的作用，为企业和社会创造更大的价值，推动现代工业和航运业的高质量发展。

（一）智能维护系统

1. 自动维护机器人

自动维护机器人在船舶机械设备的自动检测和维护中扮演着重要角色。这些机器人利用先进技术，通过自动化操作减少人力需求和操作风险，提高了维护效率和安全性。船舶机械设备的维护通常涉及复杂操作和高风险环境，传统人工维护方式耗时且存在安全隐患。自动维护机器人能够在狭小空间、极端温度和高压环境中作业，避免了人类面临的危险，提高了工作效率和安全性。这些机器人配备了多种先进传感器和检测设备，能够全面检测和诊断机械设备，实时监测温度、压力、振动等关键参数，及时发现并处理潜在故障隐患，防止停航和经济损失。在具体维护操作中，机器人展现出高精确性和灵活性，能自动更换零部件、清理设备、调整运行参数，大大提高了维护质量和效率。

自动维护机器人还具备远程操作和监控功能，岸基工程师可以实时监控并控制机器人的工作状态，确保操作灵活性和安全性。其应用减少了对人工的依赖，降低了维护成本和时间，提高了船舶运营效率。机器人还能全天候工作，不受时间和环境限制，这进一步提高了维护效率。此外，自动维护机器人在环境保护方面也发挥重要作用。通过精确检测和高效维修，机器人减少了设备的能源消耗和污染排放，从而保护海洋环境。在设备发生故障时，机器人能够迅速应急处理，避免污染物泄漏和扩散。

2. 智能维护平台

智能维护平台集成了来自船舶各个设备和系统的实时数据，包括机械设备的运行状态、传感器监测的数据、维修记录等。这些数据被汇总并存储在平台的数据库中，为后续的分析和决策提供了充足的基础。平台能够快速识别设备的异常状态和潜在故障趋势，提前预警可能发生的问题，帮助船舶管理团队采取预防性维护措施，避免设备停机和损坏，从而最大限度地保证船舶运行的连续性和安全性。

基于对设备健康状态的精确分析，平台能够生成个性化的维护计划和优化方案，使维修工作更加精准和高效。船舶管理团队可以根据平台提供的数据和建议，合理调配人力和物资资源，确保在最短时间内完成维护任务，减少不必要的停航和维修延迟，降低船舶运营成本。智能维护平台具备灵活的用户界面和操作功能，使得船舶管理人员可以轻松访问和理解维护数据。平台提供的可视化报告和实时监控功能，使管理团队能够随时随地掌握船舶设备的状态和维护进度，及时作出决策并进行调整。

（二）资产管理系统

1. 设备全生命周期管理

设备全生命周期管理的核心在于系统化地记录和跟踪设备从采购、安装、使用、维护到报废的全过程。通过建立详细的设备档案，管理人员能够全面掌握设备的技术参数、运行状态、维护记录等关键信息。这些信息不仅有助于了解设备的性能和健康状况，还为日常管理和决策提供了数据支持。设备全生命周期管理系统通过自动化的监测和预警功能，能够及时发现设备的潜在故障和异常情况，提醒维护人员进行必要的检查和维修。通过对设备故障原因的分析，管理人员可以制订科学的维护计划，采用预防性维护措施，降低设备故障率，延长设备的使用寿命。

设备全生命周期管理还涉及设备的优化和升级。通过对设备使用和维护历史数据的分析，管理人员可以评估设备的性能和经济性，提出设备升级和改造的合理化建议。在设备报废阶段，设备全生命周期管理系统同样发挥着重要作用。通过对设备报废原因和处理方式的记录，管理人员可以总结设备使用过程中的经验教训，为新设备的采购和管理提供参考。

设备全生命周期管理不仅在技术和经济方面具有重要意义，还在环保和社会责任方面发挥着积极作用。延长设备的使用寿命，减少设备的更换和报废，可以降低资源消耗和环境污染，减少工业生产和航运活动对环境的影响。同时，设备全生命周期管理的实施，需要企业和员工树立科学的管理理念和环保意识，培养专业的技术和管理人才，提高全员的管理水平和责任意识。

2. 备件管理

智能化备件管理是现代工业和航运领域实现高效、可靠和可持续发展的重要手段。通过高效管理备件库存和供应链，确保关键备件的及时供应和更换，提高设备的运行可靠性和维护效率，降低运营成本和资源浪费，推动企业和社会的可持续发展。随着科技的不断进步和管理水平的提高，智能化备件管理将发挥更大的作用，并为企业和社会创造更大的价值。

第2章　软件技术基础

软件工程基本概念与原理

一、基本概念

（一）软件开发生命周期（SDLC）

软件开发是一个复杂且系统化的过程，涉及多个关键阶段。每个阶段都有其独特的重要性和挑战，确保最终软件能够满足用户需求，并保持高质量和可靠性。软件开发过程的六个关键阶段：需求分析、设计、实现、测试、部署和维护。

1. 需求分析

需求分析是软件开发的起点，也是最关键的一步。通过需求分析，开发团队能够收集并明确软件需求，确保对客户和用户的需求有深刻的理解。这一阶段通常包括与利益相关者的交流、需求文档的编写以及需求的确认和验证。成功的需求分析能够有效避免后期开发过程中因需求不明确或变更导致的返工和资源浪费。

2. 设计

在完成需求分析后，接下来是设计阶段。设计包括系统架构设计和详细设计。系统架构设计决定软件的整体结构和主要组件，而详细设计则涉及具体功能的实现方式。良好的设计不仅要考虑软件的当前需求，还要预见可能的扩展和变化，并确保系统具有高扩展性和灵活性。设计阶段的产出通常包括设计文档、原型和模型等。

3. 实现

实现阶段是将设计方案转化为实际代码的过程。这一阶段要求开发人员编写高质量的代码，实现设计中定义的各项功能。实现阶段不仅涉及编码，还包括代码审查和初步测试，以确保代码的正确性和可维护性。使用版本控制系统和持续集成工具，可以提高代码管理的效率和质量。

4. 测试

测试阶段的主要目标是验证软件功能，确保其符合需求和设计。测试包括单元测试、集成测试、系统测试和验收测试等多种类型。通过全面的测试，开发团队能够发现并修复软件中的缺陷，提高软件的稳定性和可靠性。自动化测试工具和测试驱动开发方法（TDD）可以显著提高测试效率和覆盖率。

5. 部署

当软件通过测试后，便进入部署阶段。部署包括将软件发布给用户，进行安装和配置。部署过程中需要考虑硬件环境、操作系统兼容性、网络配置和用户数据迁移等问题。良好的部署计划和文档能够确保软件顺利上线，并迅速为用户提供服务。持续交付（CD）方法可以实现快速而可靠的部署。

6. 维护

软件发布后，并不是开发过程的结束。维护阶段对软件的长期成功同样至关重要。维护包括修复用户反馈的问题、改进软件性能和功能，以及进行安全更新。随着时间的推移，软件环境和用户需求可能发生变化，维护工作需要持续进行，以保持软件的有效性和适应性。建立良好的用户支持和反馈机制，可以帮助开发团队及时了解和响应用户需求。

（二）软件工程方法学

1. 瀑布模型

瀑布模型是一种传统且经典的软件开发方法，它以其线性顺序的特点将整个开发过程分为几个明确的阶段：需求分析、设计、实现、测试、部署和维护。每个阶段完成后，开发团队才能进入下一个阶段，仿佛瀑布从高处向下流动（如图 1 所示）。

瀑布模型的最大优点之一在于其明确的阶段划分。每个阶段都有清晰的目标和任务，开发团队在每个阶段都知道自己应该完成哪些工作。这种明确的划分使得项目管理变得更加容易，特别是在大型项目中。项目经理可以根据各阶段的任务和目标制订详细的计划和时间表，从而确保项目能按部就班地进行。在瀑布模型中，每个阶段结束时都会生成详细的文档。这些文档包括需求规格说明书、设计文档、测试计划和用户手册等。这些文档不仅有助于开发团队在后续阶段中参考和遵循，还为后续的维护和升级提供了重要的参考资料。完善的文档记录使得新加入的团队成员可以迅速了解项目进展，这确保知识传递的顺畅。由于瀑布模型的线性顺序特点，项目的进度和资源安排相对简单。项目经理可以根据每个阶段的具体要求合理分配资源，确保项目在规定的时间内完成。这种线性管理方式特别适合经验丰富的项目经理和成熟的团队，他们可以依靠明确的计划和文档来有效地控制项目进展，从而减少意外情况的发生。

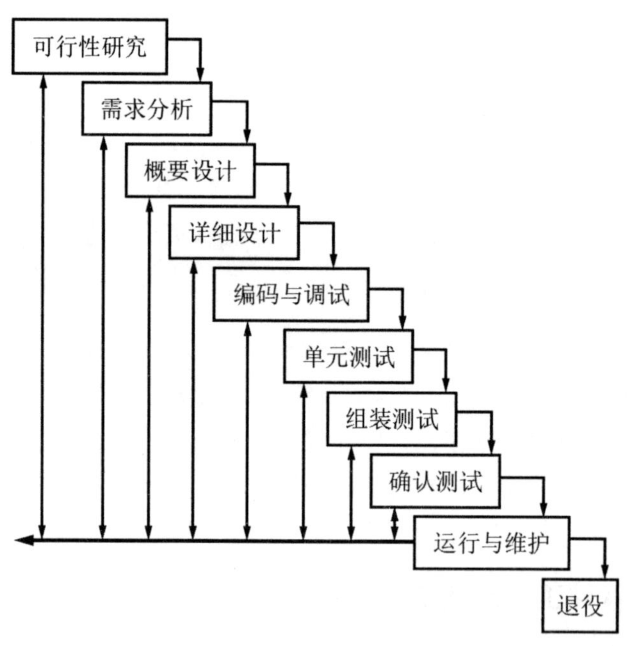

2. 增量模型

在软件开发过程中，选择合适的开发模型至关重要。增量模型是一种灵活且渐进式的开发方法，通过逐步增加功能来构建软件系统。整个项目被划分为若干个增量，每个增量都包括需求分析、设计、实现和测试。

增量模型的最大优点在于其灵活应变的能力。每个增量都可以根据用户反馈和市场变化进行调整，独立开发和测试。这意味着开发团队可以在每个增量的基础上，迅速响应用户需求的变化，同时进行功能改进和优化。这样的灵活性使得增量模型特别适合那些需求频繁变化且需要快速响应的项目环境。通过增量模型，开发团队可以在早期阶段交付部分功能，让用户尽早体验和使用。这不仅有助于获取用户的早期反馈，还能提高用户满意度和参与度。早期交付的功能可以为用户提供基本的使用体验，并在后续增量中逐步增加和完善。这种逐步交付的方式有助于项目的顺利推进，避免了最终交付时可能出现的大量问题。将整个项目分成多个增量，能够有效分散风险。每个增量都是一个独立的子项目，具有独立的需求分析、设计、实现和测试过程。这样的分阶段开发方式可以减少一次性投入的风险，从而降低项目失败的可能性。如果某个增量出现问题，也不会对整个项目产生致命影响，开发团队可以及时调整和改进，确保项目整体的顺利进行。

3. 螺旋模型

螺旋模型是一种结合了瀑布模型和迭代模型优点的先进软件开发方法。它通过迭代开发和风险管理逐步完善软件系统，每次迭代都包括确定目标、风险分析、开发和测试，以及用户评审四个步骤。

螺旋模型的一个显著优点是其对风险管理的高度重视。在每个迭代开始时，开发团队都会进行详细的风险分析和评估。这种方法确保了潜在问题能够在早期被识别和解决，有效降低了项目的整体风险。例如，技术上的不确定性、需求的模糊性以及市场变化等风险，都可以通过这种方法在早期得到处理，从而避免在后期出现重大问题。螺旋模型允许在每个迭代中重新评估和调整需求，其具备高度的灵活性。随着项目的进展和市场环境的变化，用户的需求可能会发生变化。螺旋模型通过定期的用户评审环节，确保开发团队能够及时获取用户反馈，并根据这些反馈进行需求调整。这种灵活性使得螺旋模型特别适合那些需求变化频繁且需要快速响应的项目环境。螺旋模型通过不断地迭代和用户反馈，逐步改进和完善系统。每个迭代不仅是对已有功能的改进，更是对新功能的探索和实现。通过这种逐步完善的方式，开发团队能够在每个迭代中增加系统的功能和性能，同时解决发现的问题。这种渐进式的开发方式使得最终的软件系统更加完善和可靠。

4. 敏捷开发

在当今快速变化的技术环境中，敏捷开发已成为许多软件开发团队的首选方法。敏捷开发强调快速迭代、小步快跑、持续改进和用户反馈，通过诸如 Scrum 和 Kanban 等框架，将项目划分为多个短周期，每个周期都交付可用的软件增量。

敏捷开发的一个显著优点是其快速交付的能力。每个迭代周期（如 Scrum 中的冲刺）通常持续 2 ~ 4 周，团队在每个周期结束时都能交付可用的软件增量。这种快速交付不仅使用户能够尽早使用产品，还可以通过用户的实际反馈及时发现和解决问题。这样的方式大幅缩短了从需求提出到产品交付的时间，提高了项目的灵活性和适应性。敏捷开发的另一个重要优点是其高度灵活性。它能够快速响应需求变更和市场变化，并持续改进和优化产品。在敏捷开发中，需求被视为动态的和不断变化的，团队能够在每个迭代周期中重新评估和调整需求，确保产品始终符合最新的用户期望和市场需求。这种灵活性使得敏捷开发特别适合那些需求频繁变化且需要快速响应的项目环境。在敏捷开发中，用户在开发过程中持续参与，从而确保最终产品符合用户需求。用户的参与不仅限于需求提出和产品评审，还包括在每个迭代周期中的反馈和建议。通过这种持续的用户参与，开发团队能够更加准确地了解用户需求，及时调整开发方向，确保产品的功能和体验能够满足用户期望。这样的用户导向开发方法大大提高了产品的用户满意度和市场竞争力。

二、基本原理

（一）模块化

1. 定义

模块化是指将软件系统划分为多个独立的模块，每个模块负责特定的功能或职责。通过这种划分，复杂的系统可以被分解为更小、更易于管理的部分，每个模块独立实现和测试，互相之间通过定义良好的接口进行通信。

2. 优点

模块化设计在软件开发中具有至关重要的作用。它的优点是通过将复杂的系统分解为更小的模块，使开发人员能够更加专注于每个模块的实现细节，而不必同时理解和处理整个系统的复杂性。这种方法大大降低了开发和维护的复杂性，使系统变得更加易于管理。模块化设计的一个显著优势是提高了软件的可维护性。当需要修改或更新某个模块时，只需在该模块内部进行更改，而不会影响其他模块。这种局部化的修改方式减少了修改的风险和工作量，使得软件的维护过程更加高效和安全。

模块化设计还增强了代码的可复用性。开发人员可以编写通用模块，这些模块可以在不同的项目中重复使用。通过复用已有的模块，不仅可以减少开发时间和成本，还能提高开发效率。这种可复用性使得软件开发更加高效，有助于快速构建新的系统，而不必从头开始编写所有代码。模块化设计还支持并行开发，这意味着多个开发人员或团队可以同时工作在不同的模块上，而不会相互干扰。这种并行开发模式显著提高了开发速度和团队协作的效率。各个团队可以独立设计、开发和测试自己的模块，最终再将各个模块集成到一起，形成完整的系统。

在测试和调试方面，模块化设计也表现出色。每个模块可以独立测试，确保其功能正确后再集成到整个系统中。这有助于早期发现并修复问题，提高系统的整体可靠性。通过模块化设计，开发人员能够更容易地进行测试和调试，从而提高系统的稳定性和可靠性。模块化设计还赋予系统更大的灵活性和可扩展性。新功能可以通过添加新的模块来实现，而不会对现有系统造成重大影响。这种灵活性使得系统更容易适应变化和扩展需求。无论是功能扩展还是技术升级，模块化设计都提供了一种简便而有效的实现方式。

（二）抽象化

1. 定义

抽象是通过隐藏复杂的细节，提供一个简化的模型或表示，强调系统中的重要特征。抽象帮助开发人员从高层次理解和设计系统，而不被具体实现细节困扰。

2. 优点

在现代软件开发中，抽象作为一种关键技术手段，优点是极大地简化了系统的复杂性。抽象通过隐藏不必要的细节，使开发人员能够专注于系统的重要特征和逻辑，从而减少了认知负担。对于开发人员来说，抽象提供了一个简化的模型，使得复杂系统更易于理解。开发人员可以通过逐步深入了解系统的各个部分，更快地掌握系统的功能和结构。抽象还提高了系统的管理性。通过将复杂系统分解为更小、更易于管理的部分，开发人员可以在设计、实现和维护过程中明确各部分的职责和边界。这样一来，系统的整体管理性就得到了显著提升。各部分的独立性使得改变一个部分的实现细节不会影响其他部分，增强了系统的灵活性，使其更容易适应变化和扩展需求。

抽象促进了复用。通过设计出通用的接口和组件，开发人员可以在不同的系统中重复使用这些接口和组件。抽象层次使得这些组件更具通用性，减少了重复劳动，提高了开发效率。这不仅节省了时间和资源，还提高了软件的质量和一致性。抽象还支持高层次设计，允许开发人员在高层次上设计系统，而不必过早关注具体实现细节。这有助于从整体上把握系统结构和逻辑，确保系统设计的合理性和一致性。通过在高层次上进行设计，开发人员能够更好地规划和组织系统的各个部分，从而提高了系统的可维护性和可扩展性。

（三）封装

1. 定义

封装是将数据和操作封装在对象或模块内，限制外部对这些内部实现的直接访问。通过封装，数据只能通过定义好的接口进行访问和修改，从而保护内部实现细节。

2. 优点

封装是软件开发中的一个重要概念，通过将数据和操作隐藏在对象内，提供了一系列显著的优势。首先，封装提高了数据的安全性。通过隐藏数据的内部实现，封装防止了外部对数据的直接访问和修改，从而保护了数据的完整性和安全性。因为只有通过定义好的接口，才能操作封装的数据，这大大减少了错误和不正当的访问，确保系统的稳健性。其次，封装提高了模块的独立性。每个模块或对象成为一个独立的实体，其内部实现对外部不可见。模块之间通过接口进行通信，这种独立性使得一个模块的变化不会直接影响其他模块，从而提高了系统的稳定性和可靠性。模块独立性的重要性在于，当一个模块需要修改或升级时，只需确保接口的定义保持不变，这大大简化了系统的维护和升级工作，提高了系统的可维护性。

封装还促进了代码的复用性。通过创建通用的模块或类，这些模块或类可以在不同的系统中重复使用。封装的接口提供了一致的操作方式，增强了代码的复用性，减少了重复开发的工作量。这不仅节省了开发时间和成本，还提高了软件的质量和一致性。此外，封装改善了代码的可读性和可管理性。通过清晰的接口定义和隐藏复杂的实现细节，封装使代码更易读、更易管理。开发人员可以专注于接口的使用，而不必深入了解其内部实现，从而提高了代码的可理解性。封装是面向对象设计的核心原则之一，通过将数据和操作封装在对象内，促进了对象的独立性和互操作性。封装与其他面向对象原则（如继承和多态性）一起，提高了系统的灵活性和扩展性。面向对象设计依赖封装，使得对象之间的交互变得更加规范和可控，同时增强了系统的模块化和可扩展性。

（四）继承

1. 定义

继承是面向对象编程中的一个核心概念，允许一个类（子类）通过继承另一个类（父类）的属性和方法，从而形成类之间的层次结构。继承机制使得子类能够复用父类的代码，并在此基础上进行扩展或修改。

2. 优点

继承是面向对象编程中的核心概念之一，通过继承，子类可以直接使用父类中已经定义的属性和方法，而无须重复编写相同的代码。这种代码复用机制不仅提高了开发效率，还减少了代码冗余，保持了一致性。继承的应用使得开发人员能够更高效地构建复杂系统，提高了代码的复用性。继承还简化了代码结构。相似功能的代码集中在父类中，子类只需要实现特殊化的部分。这种方式使得代码结构更加清晰，有层次性和组织性，便于理解和维护。通过继承，开发人员可以将复杂的系统分解为更易于管理和维护的模块，提升了整体的开发效率。

增强系统的可扩展性是继承的另一大优势。继承允许在不修改已有代码的情况下，通过创建新子类来扩展系统的功能。新子类可以添加新的属性和方法，或者重写父类的方法以实现不同的行为，从而增强了系统的灵活性和可扩展性。这样，系统可以随着需求的变化而不断演进和扩展，而无须对现有代码进行大规模修改。通过继承，子类对象可以被看作父类对象，从而实现多态性。多态性允许在运行时决定调用哪个类的具体方法，提高了系统的动态性和灵活性。这种机制使得开发人员能够编写更加通用和灵活的代码，适应多变的需求。

继承还促进了代码的组织。继承机制帮助开发人员将相关类组织成有层次的结构，体现类之间的关系。这种层次结构使得系统设计更加清晰，便于维护和扩展。通过合理的类层次结构，开发人员可以更好地管理复杂系统中的各个模块，提高系统的整体可维护性。继承简化了维护工作，由于继承机制集中管理共用的代码，当需要对共用功能进行修改时，只需在父类中进行一次修改即可，所有子类都会自动继承这一变化。这大大简化了维护工作，减少了出错的可能性。继承使得系统中的共用功能得到了集中管理，维护人员可以更高效地进行更新和修复。

（五）多态

1. 定义

多态性是面向对象编程中的一个基本概念，允许不同的对象以统一的接口进行调用，但实际执行的操作可能不同。多态性通过方法重载和方法重写来实现，使得同一个方法可以具有不同的行为。

2. 优点

多态性是面向对象编程中的重要特性，它允许通过同一接口调用不同类型的对象，极大地提高了代码的灵活性。多态性使得代码能够处理更多的情况和需求，而不必进行大量的条件判断或类型检查，从而简化了程序的复杂性。调用者只需关注接口提供的方法，而不必了解具体的实现细节，这不仅减少了代码冗余，还提高了代码的可读性和可维护性。新类型的对象可以通过实现统一接口或继承基类来参与系统的功能扩展，而无须修改现有代码。这种机制使得添加新功能变得更加便捷和安全，只需确保新对象符合既定的接口规范，便能无缝集成到现有系统中，从而提高了系统的灵活性和适应性。

多态性通过统一接口减少了条件分支和类型判断的代码，使得程序结构更加简洁清晰。调用者不必关心具体的实现细节，只需调用接口提供的方法即可，这大大简化了代码的编写和维护工作。通过减少不必要的复杂性，多态性提高了代码的可读性，使得开发人员能够更专注于核心功能的实现。多态性支持动态绑定，即在运行时决定具体调用哪个对象的方法。这种运行时的灵活性使得系统能够适应更多的动态需求和变化，提高了系统的动态适应能力。动态绑定机制使得多态性不仅在编译时有优势，在运行时同样能够应对变化和扩展需求，从而提高了系统的稳健性和灵活性。

通过定义通用的接口和基类，多态性还促进了代码的复用。新对象可以复用已有的接口或基类，从而减少了代码重复，提高了开发效率和代码质量。多态性鼓励开发人员设计通用的接口，以便于不同模块和组件之间的协作与复用，从而提高了整个系统的开发效率和一致性。多态性还鼓励面向接口编程，使得系统设计更加模块化和可替换。通过定义统一的接口，不同实现可以互换，从而实现高内聚、低耦合的设计。面向接口编程不仅提高了系统的可维护性和可测试性，还提高了系统的灵活性和可扩展性。开发人员可以更加专注于接口的设计和实现，从而构建更加稳健和高效的系统架构。

（六）一致性与完整性

1. 定义

一致性是指确保软件系统在其不同部分和阶段之间保持统一，维护数据和操作的完整性。它涉及数据的一致性、接口的一致性、操作行为的一致性等，以确保系统行为的可靠性和可预测性。

2. 优点

保持系统一致性在软件开发中至关重要，它能够减少错误，提高系统的可靠性、可维护性，提高开发效率，确保数据完整性，并促进测试和验证的准确率。首先系统一致性通过统一的接口和操作规范，有效减少了错误的发生。当开发人员在调用和实现功能时，会遵循一致的规范，不容易出现疏漏和不一致，这减少了由于理解或实现偏差导致的错误。统一的标准使得每个模块和组件都能够以预期的方式工作，从而减少了系统中的潜在问题。一致性确保了系统的各个部分能够正确协同工作，从而提高了系统的可靠性。无论是数据的一致性还是接口和操作的一致性，都能保证系统在不同场景下的稳定运行。可靠的系统能够更好地满足用户需求，提供稳定的服务，避免由于系统不一致带来的崩溃和故障。

在可维护性方面，一致的编码风格、命名约定和设计模式使代码更易于理解和维护。开发人员能够快速理解和适应已有的代码库，减少了维护和修改的难度。一致性使得代码更加规范和清晰，无论是新加入的开发人员还是原有团队成员，都能够轻松上手进行开发和维护工作，避免了因代码风格不统一而导致的困惑和错误。提高开发效率也是系统一致性的一个重要优势。通过一致的设计和实现规范，开发人员可以更高效地协同工作。统一的接口和操作方式减少了沟通成本和学习曲线，使团队能够更快地推进项目进展。一致性不仅使得代码更加可读和易于理解，还使得开发流程更加顺畅和高效，从而提升整个团队的生产力。

数据一致性能确保在不同模块和操作之间，数据状态是准确和可靠的。通过数据验证和约束机制，防止数据被非法修改或损坏，从而保持数据的完整性。数据一致性是系统可靠运行的基础，只有保证数据的准确性和一致性，系统才能在各个功能模块之间进行正确的操作和处理。一致的系统行为使得测试和验证更加简单和有效。测试人员可以依据统一的标准和预期结果进行测试，确保系统在各种情况下都能正常工作。一致性使得测试用例的设计和执行更加有针对性和可预见性，提高了测试的覆盖率和有效性，确保系统能够在发布之前被充分验证和测试。

（七）面向对象设计

1. 定义

面向对象（OOD）设计是一种基于对象的概念进行系统设计的方法，强调对象的状态（属性）和行为（方法）。在 OOD 中，系统被建模为一组相互交互的对象，每个对象代表一个实体，具有独立的状态和行为。

2. 优点

面向对象设计在现代软件开发中具有极其重要的地位。通过将系统功能分解为独立的对象，OOD 显著提高了系统的模块化。每个对象封装特定的状态和行为，模块之间的耦合度较低，提高了系统的内聚性和灵活性。这种设计方法使得系统的各个部分可以独立开发、测试和维护，从而大大提高了开发效率和系统的可维护性。面向对象设计极大地增强了代码的可复用性，通过继承和多态性，开发人员可以复用已有的类和方法，减少重复代码。这不仅提高了开发效率，也显著提高了代码质量。设计良好的对象和类库可以在不同项目中重复使用，从而节省了开发时间和资源。面向对象设计通过模拟现实世界的实体和关系，使系统模型更加自然和易于理解。对象的封装特性使得内部实现细节对外部隐藏，修改一个对象的内部实现不会影响其他对象，从而简化了系统的维护和扩展。这种特性使得面向对象设计特别适合于需要长期维护和不断扩展的系统，降低了系统在演进过程中出现问题的风险。

OOD 还促进了设计的一致性。面向对象设计提供了一套统一的设计原则和模式，如 SOLID 原则，这些原则有助于保持系统设计的一致性。遵循这些原则不仅减少了设计上的分歧和错误，还提高了系统的整体质量。统一的设计规范使得开发团队能够更有效地协同工作，因而减少了沟通成本和理解误差。面向对象设计特别适合于建模复杂系统，它能够自然地建模复杂系统中的实体和关系，通过对象的继承、组合和聚合等关系，清晰地表示系统的结构和行为。这使得 OOD 在构建大型和复杂系统时表现尤为出色，且能够有效地管理系统的复杂性，确保系统结构清晰、逻辑严密。面向对象设计提高了系统的扩展性。继承和多态性机制使得系统可以在不修改已有代码的情况下，方便地添加新功能。扩展现有的类和对象，可以实现系统的功能扩展和升级，而不影响现有系统的稳定性。这种特性对于快速发展的软件需求尤为重要，这使得系统能够灵活应对市场变化和用户需求。

轮机工程中的软件技术要求与特点

一、软件技术要求

（一）实时性

1. 实时监控与控制

软件系统必须能够实时监控船舶各个关键的机械系统，如发动机、电力系统、泵和压缩机等。通过实时采集和分析传感器数据，软件能够准确地反映这些系统的运行状态。例如，监控发动机的转速、温度、油压等参数，以及电力系统的电压、电流情况，都是确保船舶运行安全的重要指标。软件需要具备高效的控制能力，能够根据实时监测到的数据快速做出反应。例如，在检测到发动机温度异常升高时，软件可以自动调节冷却系统，或发出警报通知操作人员进行必要的检查和处理。这种实时的控制能力可以有效地防止潜在的故障进一步恶化，保障船舶的安全和稳定运行。软件系统还应该具备预测和预警的功能，能够通过历史数据和机器学习算法预测可能出现的故障和问题。这种预测性维护可以帮助船舶管理团队提前安排维护计划，从而减少非计划停机时间，提高船舶的运行效率和可靠性。

2. 低延迟

低延迟的系统能够实现实时监控和即时反馈。船舶在航行中面临着诸多挑战，如恶劣天气、海况变化、设备故障等，这些因素都可能对船舶安全构成威胁。通过低延迟的系统，可以快速获取和处理各种关键数据，如船舶位置、环境条件、设备状态等，并及时做出响应和调整，以确保船舶处于最佳状态。低延迟的系统有助于提高应急响应能力。在突发情况下，如碰撞威胁、火灾、漏水等紧急事件，每一秒的时间都显得格外宝贵。系统能够快速识别并报警，然后启动应急程序，如关闭相关设备、启动备用系统等，以最大限度地减少事故风险和损失。

低延迟的系统对于船舶操作和管理的效率提高也具有重要意义。船舶运营是一个高度复杂和协调的过程，需要多方面信息的及时传递和协同配合。比如，航行中的船舶通信、导航调整、货物处理等工作，都依赖系统的快速数据传输和处理，以确保各个环节的顺利进行。低延迟的系统还能提高船员的工作效率和船舶的整体经济性。快速的数据响应和操作反馈可以减少操作员的等待时间和决策周期，提高了工作效率和船舶运行的整体效能，从而降低了能耗成本和维护费用。

（二）可靠性与安全性

1. 高可用性

高可用性保证了船舶的持续运行和服务可用性。船舶作为长期在海上工作的移动平台，需要依赖多种关键系统和设备，如航行导航系统、通信设备、动力系统等。这些系统必须保证无论在任何海况和恶劣天气条件下都能稳定运行，以保障船员的安全和船舶的正常运营。通过高可用性的设计，系统能够及时响应和处理各种船舶操作需求，如航行调整、货物处理、紧急情况应对等，确保船舶在各种工况下都能维持运行的连续性和稳定性。容错能力是系统应对意外事件和突发状况的重要保障。在海上航行中，突发的设备故障或恶劣天气可能对船舶造成严重影响，如电力中断、导航系统故障等。具备良好的容错能力的系统能够通过备用设备或自动切换功能快速响应并处理故障，减少停航时间和影响范围，从而保证船舶在紧急情况下的安全性和可靠性。

高可用性和容错能力也有助于提高船舶管理和操作的效率。船舶运营涉及多方面的数据和信息交换，如船员通信、航行路线规划、货物管理等，这些都依赖系统稳定地运行。通过高可用性和容错能力的系统，船舶管理者和操作人员可以在不同时间和环境条件下快速获取和处理关键信息，做出及时的决策和调整，从而提高操作效率和管理水平。

2. 网络安全

船舶软件系统需要采用多层次的安全防护策略。这包括但不限于强化的身份认证机制，要确保只有授权的人员才能够访问和操作系统。船舶上可能配备有多个层级的用户权限，从普通船员到系统管理员，每个角色都有特定的权限和访问级别，以保证系统的安全管理和访问控制。网络通信数据的加密和安全传输是保护船舶软件系统的关键一环。所有通过网络传输的数据应当采用强加密算法进行加密，防止黑客在数据传输过程中的窃取和篡改。例如，船舶上的通信设备、远程监控系统和数据传输通道都应采用 SSL/TLS 等安全协议，确保数据在传输过程中的安全性。

漏洞管理和及时的安全补丁更新也是保护船舶软件系统免受黑客攻击的关键措施。船舶软件供应商和系统管理员应定期监测和评估软件系统中的潜在漏洞，并及时发布和应用安全补丁，以弥补系统的安全漏洞，防止黑客利用已知漏洞进行攻击。强化的入侵检测系统（IDS）和入侵防御系统（IPS）也是保护船舶软件系统安全的重要工具。IDS 能够监测和识别网络中的异常流量和攻击行为，及时发出警报并采取相应措施。而 IPS 则可以自动阻断恶意攻击，保护船舶系统免受未经授权的访问和破坏。相关人员的安全意识和培训也是保障船舶软件系统安全的重要环节。船员和系统管理员应接受关于网络安全和数据保护的培训，了解常见的网络攻击方式和安全最佳实践，提高其对安全问题的识别和应对能力。

（三）兼容性与互操作性

1. 系统集成

船舶软件系统需要采用开放式的标准化接口和通信协议。这些标准可以是行业共识的通信协议，如 NMEA 0183 和 NMEA 2000 等用于船舶设备之间的数据交换的标准协议，也可以是通用的数据格式，如 JSON 或 XML，用于与其他软件系统进行数据交换和集成。通过采用这些标准，不同厂商的硬件设备和软件系统可以互相通信和协作，实现数据的有效共享和处理。船舶软件系统应具备良好的扩展性和适配性。船舶设备和系统的更新和升级是常态，因此软件系统必须能够灵活地适应新硬件和新功能的加入。通过模块化的设计和开放的架构，可以使得新设备的集成变得更加简单和高效，而不会对原有系统造成破坏或冲突。

测试和验证也是确保软件系统兼容性的重要环节。在集成新设备或更新软件时，需要进行全面的测试，验证新旧系统之间的互操作性和数据交换的准确性。通过系统化的测试流程和用例，可以及时发现并解决潜在的兼容性问题，确保整体系统的稳定性和安全性。在实际操作中，船舶软件系统的兼容性不仅是技术层面的要求，更是保障船舶运行效率和安全的关键因素。一方面，良好的兼容性可以使得船舶设备和系统更加智能化和高效化，从而提高操作人员的工作效率和航行安全；另一方面，有效的兼容性管理也是船舶运营成本控制的重要手段，通过降低系统集成和维护的成本，实现长期运营成本的节约和效益。

2. 标准化接口

标准化通信协议和接口提供了一种通用语言，使得不同设备之间能够无缝地进行数据交换。例如，NMEA 0183 和 NMEA 2000 是船舶领域广泛采用的两种通信协议，它们定义了设备之间如何传输数据，如导航信息、引擎状态、环境参数等。这些标准协议的采用，确保了即使不同厂商生产的设备也能相互理解和处理数据，从而实现系统的互操作性。标准化通信协议和接口有助于简化系统集成过程。在传统方式下，将新设备集成到现有系统中往往需要进行复杂的定制开发和配置，而标准化接口则可以大大减少这一复杂性。开发人员只需遵循标准接口规范进行开发，即可确保新设备能够顺利集成到系统中。这样不仅缩短了开发周期，还降低了集成成本，提高了系统的扩展性和灵活性。

标准化通信协议和接口的采用也增强了系统的可维护性和可靠性。在标准化环境下，设备的维护和故障排查变得更加简单。技术人员可以根据标准协议的规范，快速定位和解决问题，而不必深入了解每个设备的具体实现细节。这种统一的维护方式，有助于减少故障处理时间，提高系统的可靠性和运行效率。标准化通信协议和接口的采用还有助于推动技术创新和行业发展，统一的标准为新技术和新产品的开发提供了明确的方向和基础，促使更多的厂商参与创新和竞争，从而推动整个行业技术水平的提高。例如，随着物联网和大数据技术的发展，标准化通信协议为船舶设备的智能化和数据驱动应用提供了坚实的基础，这进一步提高了船舶的运营效率和安全水平。

（四）可维护性

1. 易于升级

随着科技的迅速发展，航运行业也在不断引入新技术和创新解决方案，如智能船舶技术、自动化系统以及数据驱动的运营管理。这些新技术的引入往往需要软件系统进行相应的升级和更新，以充分利用新技术带来的优势，提高船舶的运行效率和安全性。软件易于更新和升级的特性，可以确保船舶的技术水平与时俱进，保持在行业的领先地位。法规和标准的变化也要求船舶软件系统能够及时进行调整和升级。航运行业的法规通常涵盖安全、环保、数据管理等多个方面，船舶必须符合这些法规的要求才能合法运营。例如，国际海事组织发布的新的安全管理规范、排放标准等，都需要船舶软件系统及时进行相应的升级，以确保船舶符合最新的法规要求，避免面临罚款或运营停止等风险。易于更新和升级的软件系统还能够提高船舶运营的灵活性和适应能力。航运市场的竞争激烈，市场需求和客户期望也在不断变化。船舶经营者可能需要根据市场需求进行航线调整、服务增值或改进，软件系统的快速更新和升级能够支持船舶业务的快速响应，使其保持竞争优势。

2. 故障诊断与恢复

自动故障诊断能够实时监控船舶的各类设备和系统状态。通过连接传感器和监控装置，系统能够实时收集并分析设备运行数据，监测关键参数的变化和异常。一旦发现异常情况，系统会立即进行诊断分析，并快速定位故障的具体原因和位置。例如，如果某个发动机出现温度异常或压力过高，自动诊断系统会立即发出警报，并精准指示故障点，从而帮助工程师迅速采取相应措施。自动故障恢复功能使得系统能够在诊断后自动执行相应的修复措施或备用方案。这种功能基于预设的故障处理策略，系统能够自动切换至备用设备或调整工作参数，以保证船舶的持续运行和安全性。例如，在某个电力系统组件失效时，自动故障恢复系统可以自动将负载转移到备用发电机组，避免停电和影响船舶其他关键设施的运行。

自动故障诊断和恢复功能不仅提高了船舶设备的可靠性，还显著减少了维护工作量和停机时间。传统上，故障诊断通常需要由经验丰富的技术人员手动进行，耗费大量时间和精力。而自动化的诊断系统能够实现实时监控和快速反应，极大地缩短了故障定位和处理的时间，有效降低了维护成本和操作风险。自动故障诊断和恢复功能还有助于提高船员和技术人员的工作效率。船员可以通过系统提供的详细故障报告和修复指南，迅速了解问题的本质和应对措施，从而快速有效地进行维修和调整。这不仅减少了人为错误的可能性，还提高了整体运维团队的响应能力和专业水平。

二、软件技术特点

（一）系统特性

1. 集成性

现代轮机软件在船舶管理中扮演着至关重要的角色，尤其是在将多个子系统整合为一个综合管理平台方面。推进系统、辅助系统和能效管理系统等子系统，通过统一的软件平台协同工作，极大地提高了船舶运行的效率和安全性。现代轮机软件不仅是简单的子系统集成，更是通过数据融合与分析，提供全面的系统状态和性能评估，实现智能化和精细化管理。

推进系统是船舶最关键的部分之一，负责提供船舶前进的动力。传统上，这一系统的管理可能是独立的，但现代轮机软件将其与辅助系统和能效管理系统整合在一起，使得操作更加简便和高效。辅助系统包括冷却、润滑、压缩空气和燃油处理等多个子系统，它们在保持主机正常运转方面同样不可或缺。通过综合管理平台，可以实现对这些系统的统一监控和管理，避免了各子系统之间的相互干扰和资源浪费。能效管理系统在现代船舶运营中越来越重要，因为它直接关系到燃油消耗和排放控制。现代轮机软件通过实时监控燃油消耗数据，并与航行数据、气象数据等相结合，提供精确的能效优化建议。这不仅有助于降低运营成本，还符合日益严格的环保法规要求。通过将数据融合，系统能够提供一整套优化方案，帮助船员和管理者做出更明智的决策。

数据融合与分析是现代轮机软件的核心功能之一。不同来源的数据通过高效的数据处理技术进行融合，形成一个完整的数据视图。无论是推进系统的转速和扭矩数据，还是辅助系统的温度和压力数据，抑或能效管理系统的燃油消耗数据，这些信息都被整合在一个平台上。这样一来，系统可以对整体状态进行全面的评估，发现潜在的问题并及时预警。通过数据分析，现代轮机软件能够提供更加精细化的管理。例如，通过对历史数据的分析，系统可以预测某些部件的磨损情况，并提前安排维护，避免突发故障。这不仅提高了系统的可靠性，也延长了设备的使用寿命。此外，通过对各类数据的关联分析，系统可以识别出影响能效的关键因素，并提出有针对性的改进建议。

2. 模块化设计

模块化设计的一个显著优势是其极高的扩展性。在传统的系统设计中，增加新功能或扩展系统能力往往需要对现有结构进行大幅修改，甚至需要从头开始重新设计。然而，模块化设计则不同。通过将系统功能划分为若干独立的模块，每个模块负责特定的功能，整个系统变得像积木一样，可以根据需求灵活增减模块。这不仅简化了系统扩展的过程，还减少了修改现有功能时可能引入的风险。例如，在船舶管理系统中，如果需要增加一个新的能效管理模块，只需将这个模块添加到现有系统中，而无须对推进系统或辅助系统进行任何改动。模块化设计大大提高了系统的灵活性。不同的应用场景和需求可以通过选择和配置不同的模块来实现。例如，在一个标准的船舶管理系统中，可以根据船舶类型、航线特点和运营需求，灵活配置不同的控制模块和监控模块。如果一艘船主要在近海航行，可以配置较少的远程通信模块，而增加更多的能效优化模块。而对于远洋航行的船舶，则可以配置更多的远程监控和导航模块，以应对长时间的独立航行需求。这样的灵活性使得系统可以针对不同的应用场景进行优化，然后提供最合适的功能组合。

模块化设计还显著提高了系统的可维护性。每个模块的独立性意味着在对系统进行维护或升级时，可以只针对某个模块进行操作，而不必影响其他模块的运行。例如，如果某个监控模块出现故障，只需替换或维修这个模块，而不会对整个系统的正常运行造成影响。这种维护方式不仅减少了系统停机时间，还降低了维护成本。模块化设计的另一个重要优势是便于功能升级和技术更新。在技术迅速发展的今天，系统需要不断升级以保持竞争力。模块化设计使得功能升级变得更加容易和快捷。新技术和新功能可以通过开发新的模块来实现，并无缝集成到现有系统中，而不需要对整个系统进行大幅的重构。这样，系统能够快速适应技术进步和市场需求的变化，保持长期的竞争力。

3. 远程管理

通过互联网进行远程监控和操作，为岸基管理提供了极大的便利。传统的船舶管理需要船员在船上手动监控和操作各类设备，既耗时又容易出错。而通过远程监控系统，岸基的管理人员可以实时查看船舶的运行状态，包括发动机的转速、燃油消耗、航速和航向等关键参数。这种实时监控不仅能够及时发现和解决问题，还能够大幅提高管理的效率和准确性。此外，远程操作功能使得岸基技术团队可以直接对船舶设备进行调整和控制，减少了船员的负担，并能确保船舶在最佳状态下运行。云计算和大数据技术的应用，为远程监控和智能决策提供了强有力的支持。通过将船舶运行数据上传到云端，管理人员可以随时随地访问这些数据，并进行深入分析。大数据分析技术能够从海量数据中提取出有价值的信息，帮助优化航行方案、提高能效和降低运营成本。例如，通过分析不同航线和航速下的燃油消耗数据，可以找到最节省燃油的航行方案。云计算的强大计算能力还可以支持复杂的模型和算法，用于预测设备故障和优化维护计划。这不仅提高了设备的可靠性，还减少了非计划停机时间，降低了维护成本。

远程监控和操作的另一个重要优势是提高了系统的安全性和响应速度。在紧急情况下，远程监控系统可以自动检测并报警，岸基技术团队能够立即采取应对措施。例如，当船舶出现设备故障或异常情况时，系统可以自动通知岸基团队，并提供详细的故障信息和解决方案。这样，技术人员就可以迅速做出反应，及时解决问题，避免事故的发生。此外，远程监控系统还可以通过实时数据分析，预测可能的风险和故障，提前采取预防措施，提高系统的安全性。通过互联网进行远程监控和操作，还可以实现全球范围内的技术支持和协同工作。无论船舶航行到哪里，岸基技术团队都可以通过远程系统提供支持。这种全球化的技术支持模式，不仅提高了问题解决的速度和效率，还能够共享全球范围内的最佳实践和经验，进一步优化船舶管理和运营。

（二）技术实现

1. 智能化

机器学习和 AI 技术在故障预测方面展现了强大的能力。传统的故障检测方法通常依赖定期维护和检查，而机器学习技术则可以通过分析大量历史数据，识别出设备故障的早期征兆。例如，通过监测设备的振动、温度和压力等参数，机器学习算法可以预测设备可能出现的故障，并提前发出警报。这种预测性维护方式不仅可以避免设备的突发故障，减少非计划停机时间，还可以延长设备的使用寿命，降低维护成本。能效优化是机器学习和 AI 技术的重要应用领域之一。在航运和工业生产中，能源消耗是一个关键的成本因素。通过对大量运行数据的分析，机器学习算法可以找出能效优化的最佳方案。例如，通过分析船舶在不同航速和航线下的燃油消耗数据，机器学习算法可以推荐最节能的航行方案。此外，AI 技术还可以根据实时数据动态调整燃油喷射量、空气流量等参数，优化燃烧效率，从而进一步降低能源消耗。这样的能效优化措施，不仅可以显著降低运营成本，还能减少碳排放，推动绿色航运和工业生产的发展。

自动化决策是提高系统智能化水平的另一个重要方面。通过机器学习和 AI 技术，系统可以自动分析各种运行数据，做出智能决策。例如，在航运过程中，系统可以根据天气预报、海况和航线等因素，自动调整航速和航向，确保航行的安全和效率。自动化决策不仅提高了系统的反应速度和准确性，还减轻了操作人员的负担，避免了人为错误的发生。自适应控制算法是实现系统性能优化的重要工具。自适应控制算法可以根据实时数据，动态调整系统的运行参数。例如，在工业生产中，自适应控制算法可以根据生产需求和设备状态，自动调整生产线的速度和负载，确保生产的连续性和效率。在航运领域，自适应控制算法可以根据实时海况和气象数据，动态调整船舶的航速和航向，优化航行性能。通过自适应控制，系统还可以在不断变化的环境中保持最佳状态，实现性能的持续优化。

2. 高效通信

在现代轮机工程中，使用先进的软件技术对于确保船舶系统的高效运行至关重要。其中，高速数据传输技术和分布式系统架构作为两项关键技术，极大地提高了数据处理的效率和系统的可靠性。

高速数据传输技术在轮机工程中扮演着重要角色。通常船舶上配备了大量的传感器，用于监测诸如发动机转速、温度、油压等关键参数。这些传感器产生的数据量巨大且频繁，传统的数据传输方式往往无法满足实时性要求。因此，采用高速数据传输技术，如高速以太网、卫星通信或物联网技术，能够确保传感器数据能够及时、可靠地传输到监控系统或数据中心。这种实时的数据传输不仅可以帮助船员及时掌握船舶运行状态，还能够支持系统的实时监控和预测性维护，大大提高了船舶的安全性和运行效率。而分布式系统架构在轮机工程中的应用也是至关重要的。传统的集中式系统可能存在单点故障的风险，一旦核心系统崩溃，可能会导致整个船舶系统的瘫痪。为了提高系统的可靠性和容错能力，现代轮机软件普遍采用分布式系统架构。分布式系统将系统的功能和任务分散到多个独立的节点中，每个节点可以独立运行和处理任务。这样做不仅降低了单点故障的风险，还提高了系统的可扩展性和灵活性。例如，船舶上的不同子系统可以部署在不同的节点上，通过网络进行通信和协作，从而实现系统功能的整合和优化。

轮机工程中软件技术应用场景

轮机工程中的软件技术应用广泛且多样，涵盖了从设备监控和管理到能效优化和故障诊断等多个方面。以下是一些具体的应用场景。

一、主机监控与管理系统

实时监控是船舶主机管理的基础。通过监控主机的关键运行参数，如转速、温度、压力、燃油消耗等，操作人员能够全面掌握主机的运行状况。实时数据的获取和分析使得操作人员可以及时发现潜在的问题，并采取相应的措施，确保主机在最佳状态下运行。例如，通过监控温度和压力，操作人员可以预防因过热或过压导致的故障，从而延长主机的使用寿命。

自动控制系统在优化主机性能方面起到了关键作用。根据实时监控数据，自动控制系统能够自动调整主机的运行参数，如燃油喷射量和空气流量，以优化燃烧效率。这不仅提高了主机的运行效率，还有效降低了污染物排放，符合环保要求。例如，在负荷变化时，自动控制系统可以根据负荷情况自动调整燃油喷射量，使主机始终保持在最佳燃烧状态，从而实现节能减排的目标。

报警与保护系统是保障主机安全运行的重要手段。通过设定关键参数的安全范围，系统能够实时监控这些参数，并在超出范围时发出报警提示。与此同时，系统还会执行相应的保护措施，如减速或停机，以防止故障扩大或对主机造成不可逆的损害。例如，当主机的温度超过设定的安全范围时，报警系统会立即发出警报，并自动启动冷却措施或减速操作，防止过热对主机造成损害。

二、辅机及辅助系统管理

发电机监控系统负责监测船舶上的发电机运行状态。发电机作为船舶的主要电力来源，其稳定运行对船舶的各项操作和设备至关重要。监控系统能够实时监测发电机的电压、电流、频率以及温度等关键参数，确保发电机在最佳工作状态下运行。此外，监控软件还能自动控制负载的切换，以避免过载或电力供应不足的情况发生，并保证船舶在任何时刻都能稳定供电，维持正常运行和生活设施的运转。

锅炉控制系统在船舶中扮演着关键角色，主要管理锅炉的燃烧过程和蒸汽生产。锅炉是船舶的核心设备之一，其安全高效的运行直接关系到船舶的能源供应和航行安全。控制系统通过实时监测锅炉的燃烧情况、燃料供给和水位控制等参数，自动调节燃烧器和进给水泵，优化锅炉的燃烧效率和能源利用效率。这种自动化控制不仅提高了船舶的能源效率，还确保了锅炉在各种工作负荷下都能安全运行，有效地预防了由于操作失误或异常情况而引发的安全事故。

泵和压缩机管理系统是保障船舶冷却水、燃油、压缩空气等系统正常运行的重要保障。船舶中存在多种泵和压缩机，用于冷却引擎、输送燃油和压缩空气等关键功能。管理系统通过实时监控各类泵和压缩机的运行状态和性能指标，能及时发现并处理任何异常情况。系统还能够自动调节泵的流量、压力和压缩机的运行参数，以保证船舶在不同操作条件下的稳定性和可靠性。

三、能效管理系统

燃油管理系统扮演着记录和分析船舶燃油消耗数据的重要角色。燃油在船舶运营中占据了重要地位，是驱动主机和发电机的关键能源来源。通过监控和记录燃油消耗数据，管理人员可以深入了解每个航程或特定时间段内的燃油消耗情况。系统经过分析这些数据，识别出可能存在的燃油浪费或效率低下的情况，并提供优化建议。这些建议可能涉及调整航行速度、优化航线规划或改进操作策略，以减少燃油消耗，从而降低运营成本和环境影响。

能效优化系统通过数据分析和算法模型，提供具体的节能建议和操作指导。这些系统综合考虑船舶的航行条件、气象情况、货物负载等因素，为船舶操作团队提供最佳的节能方案。例如，根据实时数据来调整航行速度，选择更经济的航线，或者改善机械设备的使用方式，以最大化能源利用效率。能效优化不仅有助于减少燃油消耗，还可以提高船舶的运行效率和可持续性，符合国际能效法规的要求。能效报告系统是评估和改进能源使用情况的重要工具，船舶管理者可以通过能效报告系统生成详细的能效数据和分析结果，包括燃油消耗率、能效指标、节能措施的效果评估等。这些报告不仅能帮助管理者了解船舶的能源消耗情况，还能指导未来的运营决策和策略调整。船舶运营的能效报告通常需要满足国际海事组织等机构的法规要求，确保船舶在全球范围内的运营符合可持续发展和环保的标准。

四、故障预测与维护管理

预测性维护系统利用机器学习和大数据分析技术，对船舶和设备的运行数据进行深度分析和模式识别。通过监测关键参数如转速、温度、压力等，系统能够预测设备可能发生的故障和性能下降趋势。这种提前预警和预测能力使得管理团队可以提前安排维护计划，避免因突发故障导致的非计划停机时间和生产损失。预测性维护系统的应用不仅提高了设备的可靠性和运行效率，还降低了维护成本和管理风险。

故障诊断系统在设备运行过程中实时监控和分析设备的状态数据。一旦发现异常情况或故障，系统能够快速诊断并准确定位故障原因。通过实时警报和详细的故障报告，维护团队能够迅速采取相应的维修措施，最大限度地减少设备停机时间和生产中断。故障诊断系统的高效运作保障了船舶和设备在复杂环境中的稳定运行，提高了操作安全性和工作效率。

维护记录管理系统扮演着记录设备维护历史和操作日志的重要角色。系统详细记录每次维护的日期、维修内容、使用的零部件及工具等信息。这些数据不仅有助于评估设备的健康状况和性能变化趋势，还为制订长期的维护计划和预算提供了重要依据。通过分析历史记录，管理团队可以识别出频繁发生故障的部件或系统，采取有针对性的预防措施，延长设备的使用寿命并提升其可靠性。

五、远程监控与支持

远程监控、远程诊断和远程软件更新是现代航运业务中不可或缺的关键技术，它们通过卫星通信和物联网技术，极大地提高了船舶运行管理的效率和安全性，同时减少了船员的操作负担和维护成本。

远程监控系统通过卫星通信和物联网技术，实时传输船舶的运行数据到岸上控制中心。这些数据包括船舶位置、航速、航向、油耗、发动机状态等关键参数。在岸上控制中心，技术人员可以通过专门的监控界面实时监视船舶的运行状况。通过监控系统，管理团队能够及时了解船舶的位置和状态，及时发现潜在的运行问题，并采取相应的措施，保证船舶在安全和经济效益的条件下运行。通过远程连接，技术人员可以实时获取设备的数据和故障报告，进行远程故障诊断和技术支持。一旦发现设备存在异常或故障，技术人员可以迅速提供专业的维修建议和指导，减少了船员的操作风险和维修时间。这种远程支持不仅提升了船舶设备的可靠性，还有效降低了维修成本和停航损失。船舶上的各种控制系统和应用软件，如航行控制、动力管理、通信系统等，通常需要定期更新以修复漏洞、增强功能或适应新的行业标准。远程软件更新系统通过安全的网络连接，可以快速、有效地将最新的软件版本和补丁部署到船舶上，确保船舶的系统始终处于最新和安全的状态。这不仅提高了船舶的运行效率和安全性，还减少了因软件问题导致的潜在风险和业务中断。

六、自动化与智能决策支持

自动航行控制系统利用先进的自动导航技术，能够根据预设的航线、实时获取的天气和海况数据，自动调整船舶的航速和航向。这种系统不仅可以提高航行的精确度和稳定性，还能够优化航行路径，降低燃油消耗和碳排放。在复杂的海上环境中，自动航行控制系统能够及时应对变化不定的海况和风浪，从而确保船舶安全、稳定地航行。

智能决策支持系统通过综合分析各类关键数据，如船舶状态、天气、海洋条件、货物状况等，为船员提供优化操作建议和决策支持。这些数据可以实时监测和分析，系统可以基于历史数据和预测模型，提供最佳的航行策略和操作方案。船员可以根据系统提供的建议，做出更加明智和有效的决策，确保船舶在各种复杂情况下的安全和效率。

应急响应系统是船舶安全管理中至关重要的一部分。在面对紧急情况，如船舶遭遇台风、设备故障或其他意外情况时，软件系统能够自动执行预设的应急响应措施。这些措施可能包括自动关停关键设备、启动备用系统、调整船舶航向等，以确保船舶及其船员的安全。应急响应系统的快速和准确性对于避免事故的发生和最小化损失具有重要意义，尤其是在远洋航行和复杂的天气条件下。

第 3 章　软件需求分析与规划

轮机工程软件需求的获取与分析方法

一、软件需求的获取

（一）用户访谈和访问调查

1. 用户访谈

与船舶操作人员的访谈可以提供一线的实践视角。他们在日常工作中直接接触船舶设备和系统，最了解这些系统的实际性能和不足。询问操作人员关于设备使用体验、常见问题和改进建议等方面的问题，可以获得具体而真实的信息。例如，操作人员可能会指出某些监控系统在极端天气条件下的表现不稳定，或是某些控制系统的界面不够友好。这些反馈能够直接指导系统的优化和改进，提高整体操作效率和用户满意度。

与工程师的访谈可以深入了解技术层面的需求和挑战。工程师负责船舶系统的设计、维护和升级，对技术细节和系统集成有着深刻的理解。与工程师交流，可以探讨当前系统的技术“瓶颈”、故障排查过程中的困难以及对新技术的需求。例如，工程师可能会提到需要更高精度的传感器、更智能的诊断算法或更可靠的通信协议。这些技术需求可以为研发团队提供明确的方向，推动技术创新和系统升级。

与管理人员的访谈可以从战略和管理层面了解需求和挑战。管理人员关注船舶运营的整体效率、成本控制和安全管理。他们的视角更宏观，更注重系统的集成和协调。通过与管理人员交流，可以探讨如何通过改进系统来提高运营效率、降低维护成本和增强安全性。例如，管理人员可能会提出需要一个综合的监控平台，将各个系统的数据集成在一起，以实现更全面地分析和决策支持。这种需求能够推动系统的整合和优化，提高整体管理水平。

2. 访问调查

问卷调查和在线表单可以覆盖更广泛的用户群体。在船舶行业，涉及船员、工程师、管理人员等多个角色，他们可能分布在不同的地理位置或在不同的船舶上工作。通过在线形式，可以跨越地域和时间的限制，收集到来自全球各地的用户反馈。这种广泛的覆盖面有助于获取多样化的意见和经验，从而更全面地理解用户的需求和挑战。问卷调查和在线表单设计灵活，能够通过各种类型的问题收集数据。开放式问题还可以让用户自由表达意见和建议，例如："您认为当前船舶控制系统的哪些功能需要改进？"这类问题能够揭示用户的具体需求和期望。而封闭式问题则能够提供量化的数据，例如："您对当前船舶安全系统的满意度如何？请在 1 到 5 分之间打分。"这种结构化的反馈有助于分析和比较不同用户群体的看法。

问卷调查和在线表单的数据收集和分析过程高效便捷。在线平台，可以迅速分发问卷链接或表单链接，用户可以在任何时间、任何地点填写反馈。一旦收集到足够的数据，就可以利用数据分析工具进行深入分析，从中挖掘出关键洞察和趋势。这些洞察可以指导产品设计、服务改进和市场策略，以满足用户的实际需求和期望。问卷调查和在线表单有助于增强用户参与感和反馈透明度。主动邀请用户参与调查，还可以表明企业重视用户意见，并愿意听取他们的声音。及时向用户公开调查结果和采取的改进措施，能够建立起信任和良好的用户关系。这种透明和开放的反馈机制不仅促进了用户的积极参与，还增强了产品或服务的市场竞争力。

（二）现场观察和任务分析

1. 现场观察

在船舶上进行直接观察，首先需要开发团队彻底融入船员的日常工作环境。在驾驶舱、机舱、甲板等关键区域，观察员可以亲眼见证操作人员如何执行任务、应对挑战以及处理突发情况。例如，在驾驶舱中，观察员可以看到船长如何使用导航系统进行航线规划和调整，掌握天气和海况信息，确保航行安全。这种观察不仅有助于了解具体的操作流程，还可以发现现有系统在实际应用中的不足，如界面不够直观、操作步骤烦琐等。通过直接观察，开发团队可以捕捉到许多在访谈或问卷调查中难以发现的细节需求。例如，在机舱内，工程师们需要频繁检查和调整各种设备的状态，观察员可以记录下他们在这一过程中遇到的各种问题，如设备显示不清晰、报警信息不明确等。通过观察这些细节，开发团队可以识别出设备和系统设计中的薄弱环节，从而在未来的开发中加以改进。

在实际操作中，船员们往往需要在复杂和高压的环境中工作，直接观察可以帮助开发团队更好地理解这些挑战。例如，在紧急情况下，船员需要快速响应和处理各种突发事件，如火灾、设备故障等。观察这些应急操作，可以让开发团队了解现有应急系统的有效性和不足，从而提出改进方案，提高应急响应效率和安全性。直接观察还可以促进开发团队与船员之间的沟通与交流。通过与操作人员的面对面互动，观察员可以直接询问他们对现有系统的意见和建议，了解他们在工作中的实际需求和困扰。这种直接的沟通能够提供非常宝贵的用户洞察，有助于开发团队更好地理解用户的真实需求。例如，船员可能会反映在操作过程中，某些功能使用频率很高但操作步骤烦琐，希望能够简化操作流程。开发团队可以根据这些反馈，优化系统设计，从而提高用户体验。

2. 任务分析

在船舶管理和操作中，准确捕捉软件系统的需求至关重要。对不同操作任务和工作流程进行详细分析，通过理解每个任务的输入、处理和输出，能够有效确定软件系统需要支持的功能和特性。这种方法不仅确保了系统设计的合理性和有效性，还能提高整体操作效率和安全性。

操作任务和工作流程分析的首要步骤是识别和分类各种任务。在船舶上，不同部门和岗位的工作内容各不相同。例如，驾驶员需要进行航线规划和导航，工程师负责设备维护和故障排除，船员则执行日常操作和安全检查。对这些任务进行分类，可以更有针对性地分析每个任务的具体需求。一旦任务分类完成，就需要深入理解每个任务的输入、处理和输出过程。以航线规划为例，其输入包括目的地信息、天气数据和海况资料，处理过程则涉及路线计算、风险评估和航行优化，输出则是具体的航行计划和指令。在这个过程中，软件系统需要提供数据采集、计算分析和结果展示等功能，以支持驾驶员完成任务。详细分析这些环节，可以明确系统需要具备的数据处理能力、算法支持和界面设计等特性。

对于设备维护任务，工程师需要实时监控设备运行状态、诊断潜在故障并执行维修操作。其输入包括设备运行数据和历史维护记录，处理过程涉及故障分析、维修方案制订和执行，输出则主要是设备状态报告和维护记录。

软件系统在这一过程中需要具备数据采集、故障诊断和维护管理等功能。对任务的详细分析，可以确定系统需要支持的传感器接口、诊断算法和记录管理等特性。不同任务的分析还可以帮助识别任务之间的关联和协同需求。例如，设备维护和航行安全紧密相关，设备故障可能影响船舶的航行能力。因此，软件系统不仅需要支持单个任务的执行，还需要具备综合管理和协同处理的能力。例如，当设备发生故障时，系统应能及时通知相关人员并调整航行计划，以确保安全。这种综合分析，可以设计出更加完善和智能化的软件系统。

任务分析过程中，实际操作环境和工作条件也是重要的考虑因素。在海上，环境复杂多变，操作条件艰苦，系统设计需要充分考虑这些因素。例如，在航行过程中，驾驶员可能需要在颠簸的环境中进行操作，系统界面应设计得简洁直观，易于操作。同时，系统需要具备高可靠性和抗干扰能力，以适应恶劣的海况和气候条件。任务分析的成果需要与用户需求紧密结合。通过对操作人员的访谈和调研，了解他们在实际工作中的需求和困扰，可以验证任务分析的准确性和有效性。例如，驾驶员可能反映现有系统在航线规划中数据更新不及时，从而影响了决策的准确性。根据这些反馈，系统可以增加实时数据更新和自动调整功能，提高系统的实用性和用户满意度。任务分析的结果需要转化为具体的系统设计方案。通过明确系统需要支持的功能和特性，开发团队可以制订详细的设计和实现计划。例如，对于设备维护系统，需要设计数据采集模块、故障诊断模块和维护管理模块，并明确各模块之间的数据流和交互方式。这种系统化的设计，确保软件系统能够高效支持各类操作任务，提高整体工作效率和安全性。

（三）利益相关者会议和用户反馈

1. 利益相关者会议

邀请船员参与会议至关重要。作为一线操作人员，他们对船舶的实际运行情况最为了解，他们的经验和反馈对于制订可行的项目方案具有重要意义。通过参与会议，船员可以提出他们在实际操作中遇到的问题和挑战，从而帮助项目团队更好地理解船舶的实际需求，确保项目方案切实可行。技术人员的参与同样不可或缺。技术人员是项目的执行者，他们的专业知识和技术能力决定了项目的质量和进度。在会议中，技术人员可以详细介绍技术方案和实现路径，并评估项目的技术可行性和风险。通过与船员和管理层的沟通，技术人员可以更好地理解项目需求，调整技术方案，确保项目顺利推进。管理层作为项目的决策者和资源提供者，他们的参与对于项目的成功至关重要。管理层可以在会议中明确项目的战略目标和优先级，并协调各方资源以支持项目的顺利实施。同时，管理层的参与可以增强团队的凝聚力，确保各方在项目执行过程中保持一致的方向和目标。

召开这样一场多方参与的会议，可以有效地讨论和明确项目目标、范围和需求。各方通过沟通和讨论，可以充分理解和认同项目的方向和优先级，从而减少项目执行过程中的沟通障碍和误解。同时，各方的参与也可以为项目的顺利推进提供强有力的支持和保障。在会议过程中，应当注重倾听和尊重每一位与会者的意见和建议，确保每个人都能充分表达自己的观点。会议的目的是达成共识，而不是简单地传达命令。这样的方式，可以增强团队的合作精神，提高项目的整体效率和效果。

2. 研讨会

定期的小组研讨会为团队成员提供了一个系统讨论和深度分析的平台。在大型项目中，特定功能或模块往往涉及复杂的技术和业务需求。如果仅靠日常的沟通，则很难全面和深入地理解这些需求。而通过定期的小组研讨会，团队成员可以集中时间和精力，详细讨论每一个功能或模块的需求和设计。这样，不仅可以确保每个细节都得到充分考虑，还能及时发现和解决潜在的问题。小组研讨会有助于提高团队之间的协作和理解。在项目开发过程中，各个团队成员往往来自不同的专业背景，他们对问题的理解和解决方法可能各不相同。通过小组研讨会，团队成员可以分享各自的专业知识和见解，增进对彼此工作的理解。这种交流不仅能促进跨专业的协作，还能激发创新思维，从而找到更有效的解决方案。定期的小组研讨会还能够增强团队的凝聚力和归属感。研讨会为团队成员提供了一个面对面交流的机会，让他们有更多的时间和机会了解彼此的工作和思考方式。这种面对面的交流不仅能增强团队成员之间的信任和默契，还能提高团队的整体士气和工作热情。特别是在遇到困难和挑战时，通过集体的讨论和支持，团队成员可以更有信心和动力去克服困难和迎接挑战。

3. 原型开发

初步的软件原型能够有效地展示需求。在软件开发的早期阶段，需求往往只是一些文字描述或概念，这些抽象的描述难以让所有相关方全面理解。而通过创建初步的原型，可以将这些需求以可视化的方式展示出来。这样，用户和开发团队可以更直观地了解软件的预期功能和界面设计，从而更准确地评估需求的合理性和可行性。原型有助于与用户进行有效的交互和反馈。在原型阶段,软件的设计和功能尚未最终定型,具有较大的灵活性和可调整性。通过与用户的互动和测试，开发团队可以收集到有关用户的真实反馈和使用体验。这些反馈对于优化软件功能和界面设计具有重要意义。用户的意见和建议可以帮助开发团队发现问题和不足，从而及时进行调整和改进，确保最终的软件能够真正满足用户的需求。

原型验证需求的过程有助于减少开发风险和成本。在传统的开发模式中，需求错误或不明确往往会导致后期的修改和返工，增加开发成本和延长项目周期。而通过初步原型的验证，能够在开发的早期就发现和解决问题，避免后期的大规模修改和返工。这不仅能够降低开发风险和成本，还能确保项目按照计划顺利推进。在实际操作中，创建初步原型需要注意以下几点。首先，原型的设计应简洁明了，重点展示核心功能和关键界面，以便用户能够快速理解和反馈。其次，要选择合适的原型工具和方法，根据项目的具体需求和特点，选择低保真或高保真的原型设计工具。最后，要建立有效的反馈机制，确保用户的意见和建议能够及时传达给开发团队，并迅速进行调整和优化。

4. 用户反馈

用户反馈是了解用户需求和期望的直接途径。尽管在开发初期已进行了需求调研和分析，但用户的需求和期望会随着时间和环境的变化而发生变化。定期收集用户反馈，可以帮助开发团队及时了解用户的新需求和新期望，从而在开发过程中进行相应的调整，确保软件始终贴近用户的实际需要。用户反馈能够帮助发现和解决软件中的问题。无论开发团队多么专业和细致，在软件发布后，用户在实际使用过程中仍可能遇到各种各样的问题和挑战。通过收集用户反馈，开发团队可以及时了解这些问题，并迅速进行修复和优化。这不仅能够提高软件的稳定性和可靠性，还能增强用户的信任和忠诚度。

用户反馈是创新和优化的重要来源。用户在使用软件时，往往会提出一些改进建议和创新想法。这些建议和想法不仅反映了用户的真实需求，也为开发团队提供了宝贵的灵感和方向。通过系统化地分析和采纳用户的反馈意见，开发团队可以不断优化和创新软件功能，提高软件的竞争力和市场适应性。在实际操作中，收集和分析用户反馈需要建立科学和有效的机制。首先，要搭建多渠道的反馈收集平台，如在线调查、用户访谈、社交媒体等，确保能够覆盖不同类型的用户。其次，要建立反馈分析系统，对收集到的反馈进行分类和整理，从中找出共性问题和关键需求。最后，要建立反馈处理和响应机制，确保用户的意见和建议能够及时传达给开发团队，并迅速进行相应的调整和优化。

（四）技术评估和选型

编程语言的选择应考虑到性能、实时性和硬件接口的要求。船舶系统通常对性能有较高要求，因此 C++ 等编程语言是一个常见选择，因为它能够提供高效的硬件控制和实时数据处理能力。另外，Python 也是一种强大的选择，特别是在数据分析和监控系统开发中，它提供了丰富的库和工具。开发框架和工具的选择关乎系统的稳定性和开发效率。例如，机器人操作系统（ROS）在自动化控制系统中应用广泛，能够简化传感器数据处理和控制器集成。Qt 框架则提供了跨平台的 UI 开发能力，适合多种操作系统和嵌入式平台的需求。

对于数据库的选择，轻量级的数据库如 SQLite 适合于资源受限的嵌入式系统，而对于大规模数据的管理，可以考虑使用分布式数据库系统如 MongoDB 或 Cassandra。在网络和通信方面，选择稳定可靠的通信协议和物联网技术对于船舶系统的远程监控和操作至关重要。TCP/IP 协议提供了可靠的数据传输机制，而 IoT 技术则可以实现船舶上各设备之间的互联互通，支持远程数据采集和控制。

二、需求分析方法

（一）用户故事和用例分析

1. 用户故事

从用户的角度出发，描述用户在特定场景下的需求和期望。它们通常采用简短的叙述方式，包括角色、行为和目标，以便开发团队能够更好地理解用户的需求。例如，在船舶管理软件中，可以编写以下几个用户故事。

船长的引擎监控

角色：船长

行为：实时监控船舶引擎的运行状态，包括转速、温度和油压。

目标：确保引擎时刻处于最佳状态，以保证船只安全航行。

船员的警报通知

角色：船员

行为：接收关键设备发出的警报通知，如引擎过热或燃料低。

目标：及时响应并采取必要措施，以防止设备故障或船只安全问题。

通过编写这些用户故事，开发团队可以清楚地了解到船员和船长在日常操作中的主要关注点和行为模式，从而确保系统功能的优先级和实现方式符合实际需求。

2. 用例图和用例规约

进一步详细描述系统的功能和操作流程，以图形化和文本化的形式展现系统中的各个角色、功能和交互。用例图示如何展示船舶管理软件中的主要角色（船长、船员）、主要功能（引擎监控、警报通知）以及它们之间的交互。用例规约则提供每个用例的详细步骤和场景描述，包括前置条件、基本流程和备选流程，确保开发团队和所有利益相关者对系统行为和预期有一个共同的理解。通过这些详细的描述和分析，软件开发团队能够有效地捕捉到用户的实际需求，避免不必要的功能偏差和开发冗余，从而提高开发效率并确保最终交付的系统符合用户的期望和使用场景。

（二）MoSCoW 方法

在确定软件开发的重点和优先级时，团队需要综合考虑多个关键因素。这些因素会直接影响项目的成功和效率，因此在规划阶段特别重要。评估每个需求的业务价值是至关重要的。这意味着团队需要理解每个需求如何对项目的主要业务目标作出贡献。一些需求可能直接关联到增加收入、降低成本或提升市场份额，而另一些则可能只是提高操作效率或遵循法规要求。考虑技术复杂性是必不可少的。团队需要评估实现每个需求所需的技术难度和资源投入。有些需求可能需要新的技术架构或特定的硬件支持，这些可能会增加开发时间和成本。依据用户反馈和利益相关者的需求。用户体验和满意度对于软件的成功至关重要。优先考虑那些能显著改善用户体验和满足客户期望的需求，这可以帮助提升软件的采纳率和用户忠诚度。时间和资源约束是限制软件开发过程的实际条件。团队必须根据项目的时间表和可用资源，合理安排和优先级排序需求。这意味着有时候需要做出妥协或者推迟一些次要的需求，以确保关键功能能够按时交付并符合预算。

（三）100 美元测试法

我们要求项目干系人为每个需求在一个假设的100美元预算内分配资金。这个预算不仅是为了评估需求的重要性，还可以帮助干系人更好地理解每个需求的经济价值。例如，如果一个需求得到较高的资金分配，表明干系人认为这个需求对项目成功至关重要，或者它可能直接影响到项目的收益或成本效益。

基于每个需求的经济价值和投资回报不同，团队可以优化需求的排列顺序。这意味着我们不仅要考虑需求本身的功能和技术复杂性，还要考虑到它们对项目整体目标的贡献。具体来说，一些需求可能会提高产品的市场竞争力，增加客户满意度或减少运营成本。这些需求通常会被优先考虑，因为它们可以带来显著的经济利益或战略优势。经济评估方法还可以帮助团队在开发过程中做出权衡和决策。如果某个需求的预期经济回报较低，但在技术实现上却非常复杂或需要大量资源投入，团队可能会选择推迟或者调整其优先级。这种方法有助于确保团队在资源有限的情况下，仍能够最大化地满足关键利益相关者的需求和期望。

（四）Kano 模型

Kano 模型将需求分为三个主要类别：基本需求、期望需求和意外需求，每种类型需求对用户满意度的影响不同。基本需求是用户认为理所当然的功能或特性，如果缺失会严重影响用户满意度。例如，产品的基本功能和基本性能。期望需求通常是用户期望在产品中找到的特性，如果满足了会增加用户的满意度，但如果缺失了并不会导致用户不满。例如，良好的用户界面和额外的功能。意外需求是用户没有预期到的，但一旦出现，会极大地增加他们的满意度。例如，惊喜的性能提升或特别的功能。

针对不同类型的需求优先级，可以调整开发和实施策略，以最大化用户满意度。首先确保基本需求得到满足，这是用户对产品的最低要求。如果基本需求未能达标，用户可能会因为产品的不可靠性或基本功能的不足而感到失望。在满足基本需求的基础上，重点关注期望需求。这些需求可以通过用户调研和市场分析来确定，帮助产品在竞争激烈的市场中脱颖而出。虽然意外需求不是每个产品都能实现的，但当有机会时，尽可能引入意外需求可以给用户留下深刻的印象，增强其对产品的忠诚度和口碑效应。

三、需求规格说明方法

（一）软件需求规格说明书（SRS）

详细的 SRS 文档能够明确需求，确保开发方向的准确性。在软件开发项目中，需求的准确表达和记录是项目成功的基础。通过编写详细的 SRS 文档，项目团队可以将需求转化为具体的描述，使所有相关方对需求有统一的理解和认知。这不仅有助于避免沟通中的误解和遗漏，还能确保开发团队在开发过程中有明确的目标和方向。SRS 文档为功能和非功能需求的实现提供了清晰的指南。功能需求是指系统必须具备的具体功能，而非功能需求则涉及系统性能、安全性、可用性等方面的要求。通过在 SRS 文档中详细记录这些需求，开发团队可以在设计和实现过程中有据可依，确保系统不仅能实现预期功能，还能满足用户在性能和使用体验等方面的期望。

系统界面设计是 SRS 文档的另一个重要组成部分。良好的界面设计会直接影响用户的使用体验和满意度。通过在 SRS 文档中详细描述系统界面的设计要求，包括界面布局、导航结构、交互方式等，设计团队可以根据这些要求进行界面的设计和优化，确保最终的系统界面既美观又实用，且符合用户的习惯和需求。性能要求是确保系统稳定性和高效运行的关键因素。在 SRS 文档中详细记录性能要求，如响应时间、处理能力、吞吐量等，可以帮助开发团队在设计和实现过程中优化系统性能，确保系统在各种使用场景下都能保持高效和稳定的运行状态。

详细的 SRS 文档还为项目的后续管理和维护提供了重要依据。一个软件项目从开发到发布再到后期维护，往往需要经历多个阶段和团队的合作。详细的 SRS 文档可以作为项目的规范和标准，使后续的开发和维护工作有章可循，减少因为需求不明确或变更而导致的问题和风险。在实际操作中，编写 SRS 文档需要团队的通力合作和反复推敲。首先，要与用户和其他相关方充分沟通，确保需求的准确获取和理解。其次，要详细描述每个需求，包括其背景、目的、具体内容和实现方式等，确保文档的全面性和准确性。最后，要进行审查和评审，及时发现和纠正文档中的错误和不完善之处，确保 SRS 文档的质量和有效性。

（二）用例图和流程图

用例图是描述系统功能的有效工具。通过用例图，开发团队可以清晰地展示系统的参与者（也称为角色）、用例（系统提供的功能）以及这些参与者与用例之间的交互关系。用例图直观地表达了系统的功能范围和操作场景，使得所有相关方都能够快速理解系统的核心功能及其使用方式。例如，在一个在线购物系统中，用例图可以展示顾客、管理员等参与者以及浏览商品、下订单、管理库存等用例。这样，开发团队和客户都可以明确系统应具备的主要功能，避免在开发过程中出现需求遗漏或误解。用例图有助于识别系统的边界和主要交互。通过用例图，开发团队可以明确哪些功能是系统内部的，以及哪些是系统外部的交互。这对于系统的需求分析和功能设计具有重要意义。例如，在分析一个银行管理系统时，用例图可以帮助识别客户、银行职员和管理员等不同角色与系统的交互，确保所有关键功能都得到充分考虑和设计。

流程图则是另一种重要的工具，用于详细说明系统内部的数据流和操作流程。流程图通过图形化的方式展示了数据在系统中的流动路径、处理步骤以及各个环节之间的关系。通过绘制流程图，开发团队可以全面了解系统的内部工作机制，确保设计和实施的一致性和完整性。流程图可以帮助开发团队厘清系统的操作流程和逻辑关系。在复杂的系统中，数据的处理往往涉及多个步骤和环节。流程图可以清晰地展示这些步骤的顺序和相互关系，帮助开发团队识别和解决潜在的问题和“瓶颈”。例如，在一个订单处理系统中，流程图可以展示订单的接收、验证、处理、发货和反馈等各个环节，以及每个环节之间的数据传递和操作逻辑。这有助于确保系统在实际运行中能够高效、稳定地执行各项操作。流程图还可以作为系统优化和改进的依据。通过分析流程图，开发团队可以发现系统中的冗余步骤和低效环节，从而提出优化方案，提升系统的性能和用户体验。流程图还可以帮助新成员快速理解系统的工作原理，缩短上手时间，提高团队的整体效率。

四、工具和技术

（一）需求管理工具

1. JIRA

JIRA 是一个广泛使用的项目管理和敏捷开发工具，特别适合团队协作、任务追踪和问题管理。它提供了灵活的工作流程配置、实时报告和可视化面板，能帮助团队高效地管理需求、缺陷和变更。

2. Confluence

Confluence 是一个协作软件，提供团队文档、知识管理和项目协作的平台。它与 JIRA 集成紧密，支持创建和共享需求文档、项目计划、会议记录等，能促进团队间的信息共享和沟通。

3. IBM Rational DOORS

IBM Rational DOORS 是一个需求管理工具，专注于需求的捕获、分析和跟踪。它支持复杂系统的需求管理，提供版本控制、审批流程和实时协作功能，帮助确保需求的一致性和完整性。

（二）原型设计工具

1. Axure RP

Axure RP 是一个功能强大的原型设计工具，支持高保真的交互原型设计和文档生成。它提供丰富的组件库、交互动作和条件逻辑，帮助设计师和开发团队快速验证和演示设计概念。

2. Balsamiq Mockups

Balsamiq Mockups 是一个简单易用的低保真原型设计工具，专注于快速创建草图风格的界面原型。它通过简洁的界面和预置组件，帮助用户快速捕捉和分享设计想法。

3. Sketch

Sketch 是一款流行的界面设计工具，虽然主要用于设计界面，但其易用性和插件生态系统使其也适用于快速原型设计。Sketch 提供丰富的矢量绘图工具和 UI 组件，且支持设计系统的创建和设计稿的导出。

（三）流程图和用例图工具

1. Microsoft Visio

Microsoft Visio 是一个流程图和图表制作工具，支持创建各种类型的流程图、组织结构图、网络拓扑图等。它提供了丰富的图形库和模板，同时支持与其他 Microsoft Office 应用的集成。

2. Lucidchart

Lucidchart 是一个在线协作流程图和图表制作工具，提供了易于使用的界面和多种图形库。它支持实时协作、版本控制和导出功能，适合团队间的远程协作和文档共享。

3. UMLet

UMLet 是一个开源的 UML 建模工具，支持快速创建 UML 图和用例图。它提供了简洁的用户界面和快捷键操作，帮助用户轻松创建和编辑 UML 图表。

软件规划与项目管理策略

一、软件规划

（一）项目目标和范围定义

1. 项目目标

项目将聚焦于引入高精度的传感器技术，以实时监测船舶各个关键部位的状态。例如，通过安装先进的温度、压力和振动传感器，可以实时监控船舶的机舱温度、航速和引擎运转状况，从而迅速识别潜在的故障迹象或异常情况。为了更有效地利用收集到的数据，项目将采用先进的数据分析和处理技术，通过建立智能化的数据分析系统，可以对大量收集到的实时数据进行即时分析和预测，提前发现和预防可能导致故障的因素。例如，利用机器学习算法和模式识别技术，系统能够自动识别出现常见的故障模式，为船员提供及时的警示和建议。

为了优化维护流程和提升响应速度，项目将推广使用远程监控和远程维护技术。船舶监控中心可以通过远程连接系统，实时查看船舶状态并进行远程诊断。这种方式不仅可以减少因人为差错导致的维修延误，还能够在船只未进入港口时进行及时的故障排除和维护工作，最大限度地减少船舶停航时间和运营成本。项目将强化船员的培训和技能提升计划，通过系统的培训课程和模拟训练，船员将掌握使用新技术和工具的操作技能，提高应对突发情况和故障排除的能力，从而进一步提高船舶运营的安全性和效率。

2. 项目范围

（1）项目主要功能模块

实时监控模块是系统的核心之一。通过先进的传感器网络，该模块能够监控船舶各个关键系统的状态，包括船体结构、引擎运行、航行状态、电力供应等。传感器实时收集的数据通过无线网络传输到中央监控系统，确保船员和岸基管理人员能够及时获取船舶的运行状况。这种实时监控不仅提高了操作的透明度，还为及时发现和处理潜在问题提供了坚实的基础。

故障诊断与预测模块利用数据分析和机器学习技术，对收集到的传感器数据进行深度分析。通过模式识别和趋势分析，该模块可以提前识别出潜在的故障迹象，并预测可能的故障及发生时间。这种预见性维护策略能够大幅减少突发故障的发生，提高船舶的运营可靠性和安全性，同时降低维护成本。

远程操作与控制模块赋予船舶系统更高的灵活性和控制能力。该模块支持船员和岸基管理人员通过远程方式操作和控制船舶系统，如远程启停引擎、调节航速、控制舵机等。通过加密和身份验证机制，确保远程操作的安全性和可靠性。这种远程控制能力尤其在紧急情况下表现出极高的价值，能够迅速响应和处理突发事件。

报警与通知模块是系统的应急反应单元。当监控系统检测到异常情况或潜在故障时，该模块会立即发出警报，并通过多种渠道（如短信、电子邮件、系统弹窗等）通知相关人员。除了警报，该模块还会提供详细的处理建议，帮助船员迅速采取有效的应对措施，防止问题恶化。

数据分析与报告模块为管理和决策提供了强有力的支持。该模块对监控数据进行综合分析，生成详细的运行状态报告和性能评估，帮助船东和管理人员了解船舶的运行效率和健康状况。通过长期数据的积累和分析，管理者可以制订更科学的维护计划和运营策略，提高船舶的整体绩效。

用户界面模块则是系统的“脸面”，为用户提供直观、易用的操作界面。该模块设计简洁明了，用户可以方便地查看和管理监控数据、控制系统操作、查看报警信息和生成报告。优秀的用户界面不仅提高了系统的可用性和用户体验，还大幅减少了操作的复杂度和学习成本。

（2）系统集成需求

传感器和设备集成。在船舶监控和维护系统中，各类传感器和控制设备是数据采集和系统控制的基础。通过集成温度传感器、压力传感器、振动传感器以及 GPS 等，我们能够实时监控船舶各个关键部位的状态，确保数据的准确性和及时性。这些传感器收集的数据，通过中央监控系统进行处理和分析，帮助船员和管理人员及时了解船舶的运行状况，提前发现潜在问题。传感器和设备集成不仅要求硬件之间的物理连接，更需要在软件层面实现数据的无缝传输和处理，以确保监控系统的高效运作。

数据通信和网络集成。船舶内部各系统之间以及船舶与岸基监控中心之间的数据传输，是实现实时监控和远程操作的关键。为了确保数据通信的可靠性和实时性，我们需要构建一个高效、稳定的网络通信架构。该架构可以采用以太网、无线通信以及卫星通信等多种技术手段，以保障在不同海域和环境下的数据传输稳定性。同时，通过建立统一的数据通信协议和接口标准，能确保各子系统能够无缝连接和高效通信，从而实现船舶运行状态的实时监控和数据同步。

安全与认证集成。在数据通信和控制操作中，安全性是至关重要的一环。为此，我们需要实施全面的数据加密、身份认证和访问控制策略，确保系统的安全性和防护能力。通过使用先进的加密技术，对数据传输和存储进行加密，防止数据在传输过程中被截获或篡改。同时，采用多因素身份认证机制，确保只有经过授权的人员才能访问系统和进行操作。此外，通过严格的访问控制策略，限制不同用户的权限范围，防止未经授权的操作和信息泄漏。安全与认证集成的有效实施，将为船舶监控和维护系统提供坚实的安全保障。

第三方系统集成。在现代船舶运营中，往往涉及多种管理系统和业务系统的协同工作。为提高运营效率和信息共享，我们需要实现与其他系统的无缝集成，如船舶管理系统、供应链管理系统等。通过建立标准的 API 接口和数据交换协议，实现不同系统之间的数据互通和功能协作。这样，不仅可以实现船舶运行数据和管理信息的统一管理，还能通过数据的集中分析和处理，优化运营策略和维护计划，从而进一步提高船舶的运营效率和经济效益。

（二）技术评估与选型

1. 技术栈选择

在轮机工程中选择合适的编程语言、框架和工具至关重要，它们直接影响着软件开发的效率、性能和可维护性。特别是在数据分析和嵌入式系统开发领域，正确的选择能够极大地提高项目的成功率和最终成果质量。

Python 作为一种简单易学、功能强大的编程语言，在数据分析领域广受欢迎。其优势在于丰富的数据处理库（如 NumPy、Pandas）、强大的数据可视化能力（如 Matplotlib、Seaborn），以及广泛的机器学习和人工智能工具（如 Scikit-learn、TensorFlow）。对于轮机工程中的数据分析任务，Python 能够快速处理大量数据、实现复杂的分析算法，并生成直观的可视化结果，帮助工程师从数据中提取有用信息，优化系统运行和维护流程。嵌入式系统开发需要高效、稳定和实时的性能，而 C/C++ 正是为此而设计的首选语言。它们提供了直接的硬件控制能力和对系统资源的精确管理，适合于轮机工程中需要与硬件紧密配合的应用程序开发。C/C++ 语言不仅能够实现低层次的硬件控制和操作系统接口调用，还能编写高效的算法和数据结构，确保系统在有限的资源下运行稳定和高效。

除了编程语言外，选择合适的框架和工具对项目成功同样至关重要。数据分析框架在 Python 中，选择使用 NumPy 和 Pandas 进行数据处理，Matplotlib 和 Seaborn 进行数据可视化，Scikit-learn 进行机器学习模型的建立和评估，能够极大地提高数据分析的效率和质量。嵌入式系统开发工具链有助于 C/C++ 的开发，选择合适的集成开发环境（IDE）如 Eclipse、Visual Studio 等，配合嵌入式系统的开发工具链（如编译器、调试器、仿真器），能够简化开发过程，提高开发效率。

2. 架构设计

在现代轮机工程中，设计一个具有良好扩展性、可维护性和高性能的系统架构是确保软件系统成功的关键。一个高效的系统架构不仅能够满足当前的功能需求，还能适应未来的扩展和变化。模块化设计是系统架构的基础之一。通过将系统按功能模块进行分解，每个模块负责特定的功能或业务逻辑，实现模块间的高度独立性。这种设计使得开发团队可以专注于单个模块的开发和维护，而无须关注整体系统的复杂性。当需要添加新功能或修改现有功能时，模块间的清晰分割，可以最大限度地减少对其他模块的影响，从而提高开发效率和代码质量。松耦合是实现模块化设计的关键。通过定义清晰的接口和使用统一的数据交换机制（如服务接口或 API），各模块之间的依赖性降低到最低限度。这种设计允许模块独立演化和扩展，即使某个模块发生变化，也不会影响到系统的其他部分，增强了系统的灵活性和可扩展性。

在保证系统的可维护性方面，需要遵循一系列最佳实践。首先是确保清晰的代码结构，采用良好的命名规范和代码组织方式，使得代码易于理解和维护。注释和文档的及时更新和完善，有助于开发者理解系统的工作原理和设计思路，从而快速定位和修复问题。建立自动化测试框架是确保系统功能正确性和稳定性的重要手段。编写全面的单元测试、集成测试和回归测试，可以在每次代码修改后自动运行这些测试，及时发现和解决潜在的问题，保证系统在不同情况下的稳定运行。

在追求高性能的同时，选择高效的算法和数据结构是至关重要的。优化关键路径的性能，确保系统能够在高负载和大数据量的情况下高效运行，是提升系统整体性能的关键策略之一。此外，利用并行处理技术，如多线程或多进程，能够有效地提高系统的并发处理能力，充分利用多核处理器的性能优势，提升系统的响应速度和吞吐量。缓存技术在处理频繁访问的数据和计算结果时会起到了关键作用。在内存中存储经常访问的数据，可以减少数据库访问的次数和网络传输的开销，极大地提升系统的响应速度和整体性能表现。

（三）项目计划

1. 项目时间表

制定项目时间表的第一步是明确项目的总体目标和范围。这些目标和范围定义了项目的边界和所需的成果，为后续的时间表制定提供了基础。例如，在船舶监控系统的开发项目中，目标可能包括提高监控效率和减少故障率，而范围则涵盖了各个功能模块和系统集成需求。识别关键的里程碑事件是制定时间表的关键步骤之一。里程碑事件通常是项目中具有重大意义或必须完成的关键任务，如系统设计完成、关键功能模块开发完成、集成测试通过等。每个里程碑事件都应该明确定义及其完成标准和预期时间。

在确定了里程碑事件之后，就可以开始安排具体的任务和活动。每个任务都应该具有明确的起始日期和预计完成日期，并且需要考虑到任务之间的依赖关系。例如，软件开发的任务可能包括需求分析、设计、编码、测试和部署等阶段，其中每个阶段都可能依赖前一阶段的完成。同时，项目时间表应考虑到可能出现的风险因素和变更管理策略。风险评估有助于识别可能影响项目进度的潜在风险，如技术挑战、人员流失或供应链问题。还要制订相应的风险应对策略和备用计划，以便在必要时调整时间表并保持项目进度。在制定项目时间表时，应该确保与项目团队和相关利益相关者进行充分的沟通和协调。项目时间表应该是一个共享的文档，所有团队成员都能够访问和理解，以便于监控进度、调整资源分配和及时沟通进展情况。

2. 资源规划

硬件设备的选择和规划也是项目成功的重要因素。根据项目的需求和技术要求，确定所需的服务器、工作站、网络设备、传感器等硬件设备。这些设备不仅支持开发和测试过程，还可能涉及项目的实施和部署阶段。应确保设备性能和配置符合项目的需求，并考虑到未来的扩展和升级需求。软件工具的选择对于项目的效率和质量至关重要。根据项目的特性和技术，选择适合的开发工具、集成开发环境（IDE）、版本控制系统、测试工具、项目管理工具等。例如，对于软件开发，可能会选择使用Java、Python等编程语言，并配合使用Eclipse、Visual Studio等开发环境，以及Git、Jenkins等工具来支持代码管理和持续集成。

在确定和规划这些资源时，必须进行细致的分析和预算。需要考虑到资源的成本、供应渠道、维护支持以及可能的风险因素。在预算编制过程中，应该考虑到资源采购的时间表和优先级，确保资源在需要时能够及时到位。项目团队应该建立有效的沟通和协调机制，确保所有的资源需求和安排都得到适当的管理和跟踪。定期评估资源的使用情况和效率，并根据项目的实际进展进行必要的调整和优化，以保证项目在时间、成本和质量上达到预期的目标。

二、项目管理策略

（一）团队组织与沟通

1. 团队组织

开发人员是跨职能团队中不可或缺的一部分。他们根据项目需求和设计规范，负责软件或系统的开发和实施。开发人员需要具备扎实的编程技能和技术知识，以确保开发的产品满足功能和性能要求，并与团队其他成员密切协作，解决技术难题和优化代码质量。测试人员在团队中负责确保产品质量和功能完整性。他们进行各种测试活动，包括单元测试、集成测试和系统测试，以发现和修复潜在的缺陷和问题。测试人员通过详细的测试计划和策略，验证软件的稳定性和可靠性，确保产品在交付前达到高标准的质量要求。需求分析师在跨职能团队中负责管理和优化项目需求的定义和管理。他们与用户代表紧密合作，收集、分析和整理用户需求，确保团队开发的产品能够有效地满足最终用户的期望和需求。需求分析师还要通过不断优化需求文档和变更管理流程，确保团队能够及时响应变化和调整需求。

2. 沟通机制

定期召开项目会议是确保团队高效运作和项目顺利推进的重要措施。无论是每日站会还是每周进度汇报会议，都能够有效促进团队成员之间的沟通和协作，确保大家在项目目标和工作进度上保持同步。每日站会通常是短暂的会议，旨在让团队成员分享他们的工作进展、面临的问题以及需要协调的事项。这种会议一般持续时间短，通常不超过15分钟，所有成员都站立着参加，更强调简洁和高效。每日站会的主要目的是及时发现和解决问题，确保团队对当前任务的理解和执行计划保持一致。每周进度汇报会议则更为详细和全面，通常由项目经理主持。在这种会议中，团队成员会汇报整周的工作成果、遇到的挑战，以及下周的计划和目标。此外，会议还可以讨论项目的整体进展、资源调配、风险管理和需求变更等重要议题。通过每周进度汇报会议，团队成员能够更深入地理解项目的整体情况和自己在项目中的角色，从而提高工作效率和协作能力。

这些定期会议不仅是信息交流的平台，更是团队凝聚力和项目成功的关键因素。通过定期召开会议，团队能够有效地协调工作，及时调整和解决问题，确保项目按时交付并达到预期目标。同时，会议还能够促进团队成员之间的相互了解和信任，提高整体工作氛围和团队合作效率。

（二）进度跟踪与控制

1. 进度跟踪

JIRA 作为一款功能强大的项目管理软件，为团队提供了全面的项目管理功能。它通过任务看板、故事点评估、版本控制等功能，帮助团队高效地规划、跟踪和管理项目进度。团队可以通过 JIRA 实时查看任务的状态、负责人、优先级等关键信息，及时发现和解决可能影响项目进展的问题。

Trello 则以其简洁直观的看板式界面而闻名，通常适用于敏捷开发团队和小型项目管理。Trello 的卡片系统允许团队将任务细分为具体的工作项，并通过拖放操作实时更新任务状态。团队成员可以轻松地添加评论、附件和截止日期，保持任务的透明和实时性，从而提高团队的协作效率和工作整体质量。这些项目管理工具不仅提供了任务跟踪和管理的功能，还支持团队成员之间的即时沟通和协作。通过在任务卡片中添加评论、提及团队成员，以及创建工作流程和提醒功能，团队能够快速响应变化、协调工作安排，并及时调整资源以满足项目需求。

设定关键里程碑有助于将整个项目分解为可管理的阶段和任务。这些里程碑可以基于时间、成本、质量或其他关键因素来设定，如软件开发中的原型完成、功能测试通过、系统集成完成等。每个里程碑都应该具有明确的定义和预期的成果，使团队能够集中精力并有效地推进工作。

定期检查进度也是确保项目按计划推进的关键步骤。通过定期的进度检查会议或评审，项目管理团队可以与设定的里程碑进行比对，评估实际进展与预期目标之间的差距。这种比对不仅能够帮助识别出可能存在的问题或风险，还能够及时调整项目计划和资源分配，确保项目能够按时交付并达到预期的质量标准。定期检查进度还有助于提高团队的透明度和沟通效率。团队成员可以共享各自的进展、面临的挑战以及需要协调的事项，从而减少信息孤岛和工作重叠。此外，及时发现问题并采取有效措施解决，有助于降低项目风险，同时提高团队的应变能力和执行效率。

（三）质量管理

1. 代码审查

代码审查能够帮助确保代码的质量和可维护性。通过审查，团队成员可以共同评估代码的结构、逻辑和实现方法是否符合规范和预期。发现并及时修复问题可以减少后续调试和修复的工作量，从而提高开发效率和代码的稳定性。代码审查有助于提升团队成员的技术水平和编码标准。在审查过程中，团队成员可以学习和分享最佳实践、新技术和设计模式。这种知识交流不仅促进了团队内部的技术共享，还有助于形成一致的编码风格和规范，从而提升整体的代码质量和项目的可维护性。代码审查还可以提高团队合作和沟通效率。通过审查会议或工具平台，团队成员可以直接交流和讨论代码中出现的问题或改进建议。这种实时的反馈和讨论有助于改善团队之间的协作氛围，减少误解和沟通障碍，从而加速问题解决和项目进展。

2. 自动化测试

建立自动化测试框架是确保软件稳定性和质量的关键实践。单元测试用于验证软件中的最小可测试单元，通常是函数、方法或类。通过编写针对单个模块的测试用例，团队可以快速地发现和修复代码中的逻辑错误或边界情况。单元测试的自动化执行可以在每次代码修改后立即运行，确保新功能或修改不会破坏现有功能的稳定性。集成测试用于验证不同模块之间的交互和数据流，确保它们在集成后能够正常工作。自动化集成测试可以模拟整个应用程序的运行环境，并检查组件之间的接口和协作是否符合预期。通过这种方式，团队可以及时发现和解决模块集成带来的问题，提高整体系统的一致性和可靠性。系统测试用于验证整个软件系统在各种使用场景下的功能、性能和用户体验。自动化系统测试可以模拟真实用户的操作流程和环境条件，从而全面评估软件的稳定性和性能表现。这种测试类型不仅能够发现功能缺陷，还可以检测系统的负载能力、安全性和兼容性，以确保软件在发布前达到高质量的标准。

通过建立完善的自动化测试框架，团队可以显著提高测试覆盖率和执行效率，减少手动测试的成本和时间消耗。同时，自动化测试还能够促进持续集成和持续交付实践，加速软件开发周期，为用户提供稳定可靠的产品和服务。综上所述，自动化测试框架不仅是确保软件质量的重要工具，更是现代软件开发过程中不可或缺的关键环节。

3. 持续集成

Jenkins 作为一款开源的持续集成工具，为团队提供了强大的构建和自动化测试能力。它能够与版本控制系统（如 Git）紧密集成，监视代码仓库中的变化，并在每次代码提交后自动触发构建和测试流程。这种自动化的流程不仅节省了开发人员手动操作的时间，还能够确保每次构建和测试都在一个一致的环境中进行，减少了由于环境差异而引起的各类问题。

通过持续集成工具实现的自动构建和测试，团队能够及时发现和解决多种类型的问题，包括编译错误、单元测试失败、集成问题等。在每次构建完成后，Jenkins 会生成详细的构建报告和测试结果，帮助开发团队快速定位和修复潜在的缺陷。这种及时反馈机制不仅有助于提高代码的质量和稳定性，还能够加速软件交付的速度，满足快速变化的市场需求。持续集成工具还支持灵活地配置和扩展，可以集成各种测试框架和工具，如 JUnit、Selenium 等，以覆盖不同层次和类型的测试需求。团队可以根据项目特点和要求定制化构建流程，并通过插件和扩展实现自动化部署、性能测试和安全扫描等增值功能，从而进一步提高开发效率和软件质量。

（四）变更与文档管理

1. 变更控制流程

变更控制流程的核心在于确保每个变更请求都经过严格的评审。这包括

对变更的影响、风险评估以及变更所涉及的资源、时间和预算的评估。评审的目的是识别潜在的影响，确保变更不会导致系统不稳定或功能失效。变更控制流程还涉及变更请求的批准流程。这通常包括在变更管理委员会或类似的团队中审议变更请求，并由相关的领导或决策者做出最终决定。批准流程确保变更是基于充分的理由和业务需求，并在整体战略目标下进行权衡和决策。

变更控制流程还需要建立适当的沟通和记录机制。所有利益相关者应该清楚地了解变更控制流程，并能够追踪和了解每个变更请求的状态和进展。同时，对每个变更请求的决策和实施过程进行详细的记录，还有助于未来审计和总结经验教训。变更控制流程应该是动态的，并随着项目或系统的发展和变化进行持续改进。通过定期审查和反馈，团队可以识别和解决变更控制流程中的“瓶颈”和改进点，从而提高变更管理的效率和透明度。

2. 变更评估

评估变更的影响涉及对变更的性质和范围进行深入分析。这包括确定变更对现有系统或项目的影响程度，如是否会引入新的功能、改变现有功能、增加风险或提高系统性能等。评估的目的是全面理解变更带来的潜在影响，从而做出明智的决策。更新项目计划是根据变更的评估结果调整项目的时间表和资源分配。这可能涉及重新安排任务和里程碑，调整预算和人力资源，以确保项目能够按时交付，并在变更后保持稳定和可控。

更新项目文档是记录和传达变更影响的重要手段。这包括更新需求文档、设计文档、测试计划和用户手册等，以确保所有利益相关者都能了解变更的内容、原因和预期影响。更新文档还有助于团队在未来的项目阶段或者类似项目中能够更有效地利用已有的经验和知识。评估变更的影响和更新项目计划与文档需要跨职能团队的密切合作和有效沟通。项目经理、技术团队、业务分析师和利益相关者之间的合作至关重要，确保变更管理过程的透明度和协同效能。

3. 版本控制

Git 提供了一个统一的平台，用于存储、跟踪和管理项目的所有版本。通过 Git，团队成员可以将他们的工作保存为一系列的提交，每个提交都包含了对代码或文档的修改和变更。这些提交被组织成一个有向无环图（DAG），使得在任何时候都可以轻松地回溯到以前的任何一个状态或版本。Git 支持并行开发和分支管理。团队成员可以基于主分支（通常是 master 或 main）创建新的分支，用于开发新功能或修复 bug，而不会影响主要的生产代码。每个分支都是独立的开发线，团队成员可以在不同的分支上并行工作，最后通过合并或重置将其整合到主分支中。此外，Git 还提供了强大的代码审查和协作工具，如 pull request（PR）和代码审查。通过 PR，团队成员可以发起对代码库的修改请求，其他成员也可以对修改进行审查、讨论和提出建议，确保代码质量和一致性。Git 具有高度的可扩展性和灵活性。它支持多种工作流程和工具的集成，可以与持续集成（CI）工具、部署管道和项目管理工具（如 JIRA）无缝集成，从而构建一个完整的开发和交付生态系统。

第 4 章　软件设计与架构

软件设计原则与模式在轮机工程中的应用

一、软件设计原则

（一）单一职责原则

软件设计原则的应用至关重要，尤其是单一职责原则。这一原则不仅是软件开发的基石，更是确保系统模块化、可维护性和可扩展性的关键。单一职责原则指导着将一个类或模块限制在一个单一的功能范围内。在船舶技术中，这意味着每个软件模块或组件都应专注于执行特定的任务，而不涉及多余的功能或任务。以船舶引擎控制系统为例，这一系统的主要职责是确保船舶引擎的安全、高效运行。

船舶引擎控制系统的软件模块应专注于控制引擎的各项操作，包括启动、停止、速度调节以及相关的安全监控。这些功能的实现需要对船舶引擎的物理特性和工作条件有深入的理解，以保证系统对船舶运行的精确控制和反应速度。根据单一职责原则，船舶引擎控制系统不应包含与其核心功能无关的任务。例如，电子支付系统或船舶娱乐系统等非关键功能应当分离出来，以确保引擎控制系统的简洁性和高效性。这种模块化的设计不仅降低了系统复杂度，还简化了代码的维护和扩展。单一职责原则在轮机工程中还体现在不同系统之间的交互和协作上。船舶的导航系统、燃油管理系统等各自负责特定的功能，彼此之间通过定义清晰的接口还能进行通信和数据交换。这种模块化和解耦的设计使得系统更加灵活和可扩展，且能够适应不断变化的船舶运营需求和技术创新。

（二）开放—封闭原则

开放—封闭原则被视为设计和开发的重要准则，它强调了在系统设计中如何有效地处理变化和扩展需求，而不破坏现有的稳定性和功能性。这一原则的应用不仅能提升系统的可维护性和扩展性，还能确保系统在面对未来技术进步和新需求时能够灵活应对。开放—封闭原则的核心理念是软件实体(类、模块、函数等)应该对扩展开放，对修改封闭。在船舶控制系统的设计中，这意味着我们应该设计和实现模块化的组件，使得系统能够通过扩展新的功能来满足未来的需求，而无须修改现有的稳定代码。例如，当新型引擎或传感器出现时，船舶控制系统可以通过定义抽象接口和采用设计模式如策略模式或工厂模式，来支持这些新技术的集成。

（三）依赖倒置原则

软件设计原则如依赖倒置原则的应用，对于确保系统的灵活性、可扩展性和可维护性至关重要。DIP 原则强调的是高层模块不应依赖低层模块的具体实现细节，而应依赖抽象，这在船舶技术中有着显著的应用和意义。

船舶技术涉及多个复杂的系统和组件，如引擎控制、导航系统、通信系统等，它们都需要高度的可靠性和精确性。遵循 DIP 原则，可以有效地管理和优化这些系统的设计和开发过程。例如，考虑船舶的导航系统，这是船舶安全和航行控制的关键部分。根据 DIP 原则，可以定义一个通用的导航接口，其中包含船舶在航行过程中所需的基本功能，如位置跟踪、航向调整、航线规划等。不论是 GPS 导航系统还是惯性导航系统，都可以实现这一通用接口。这种抽象接口的定义使得系统能够轻松地集成新型导航技术或升级现有技术，而不需要修改大量的现有代码。这样一来，系统的扩展和升级将变得更加容易和安全，同时保持系统整体的稳定性和可靠性。另外，DIP 原则还鼓励通过接口或抽象类来定义系统中各个组件之间的交互。例如，船舶的引擎控制系统可以定义一个引擎控制接口，包括启动、停止、速度调节等操作。这样一来，引擎控制模块与具体的引擎硬件实现相分离，只需依赖定义良好的接口，从而实现模块化和解耦合。

（四）接口隔离原则

船舶技术涉及多个复杂的系统和组件，如引擎控制、导航系统、通信系统等，它们需要高度的稳定性和精确性。遵循 ISP 原则，可以有效地管理和优化这些系统的设计和开发过程。例如，在船舶的引擎控制系统中，可以定义多个小而专注的接口，每个接口仅包含必要的方法和操作即可。引擎控制模块可能需要的接口包括启动引擎、停止引擎、调节速度等操作，而与燃料管理或电力分配无关的操作则不应该包含在这些接口中。这种精细化的接口

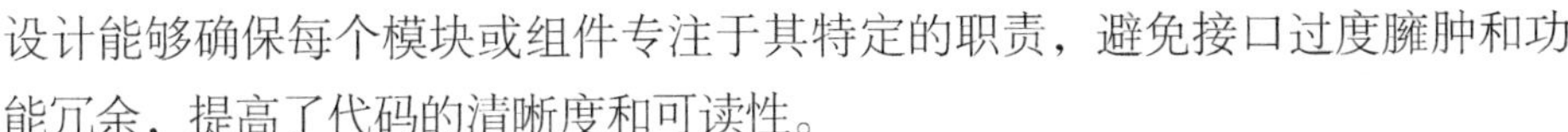

设计能够确保每个模块或组件专注于其特定的职责，避免接口过度臃肿和功能冗余，提高了代码的清晰度和可读性。

ISP 原则还鼓励将接口的设计与系统的实际需求紧密结合，使得每个接口都能够精确地描述其所支持的功能和行为。例如，导航系统可能需要的接口包括获取当前位置、规划航线、导航控制等，而不需要关心引擎控制或者通信系统的具体细节。这种模块化的接口设计使得系统更易于扩展和维护，当新的功能或技术被引入时，可以通过添加新的接口或扩展现有接口来实现，而无须影响现有的系统功能。ISP 原则在船舶技术中的应用不仅是为了优化代码结构，更是为了提高系统的稳定性和可靠性。精心设计和定义接口，能够有效地管理系统的复杂性，减少潜在的错误和问题，从而提高船舶在各种环境条件下的操作效率和安全性。

（五）最少知识原则

船舶控制系统涉及多个复杂的子系统和模块，如引擎控制、导航系统、通信系统等，它们需要在船舶操作和管理过程中保持高度的协调和稳定性。遵循 LoD 原则，可以有效地管理和优化这些系统的设计和交互过程。例如，在船舶的引擎控制系统中，引擎控制模块应该专注于控制引擎的启动、停止、速度调节等操作，而不应直接访问其他系统模块的内部数据或状态。相反，它应该通过定义的接口与其他模块进行通信，如通过一个通用的引擎控制接口来发送指令和接收反馈。这种设计方式使得系统的各个模块之间的依赖关系更加清晰和明确，降低了模块之间不必要的耦合度，同时减少了系统设计中的潜在错误和问题。

LoD 原则还鼓励将对象之间的通信限制在最小的范围内，这有助于提高代码的可维护性和可测试性。当每个模块或对象仅与少数必要的对象进行交互时，可以更轻松地理解和修改代码，减少引入新功能或解决问题时可能引起的副作用。这种模块化的设计风格使得系统更易于扩展和维护，能够更快地响应变化的需求和技术进步。LoD 原则在船舶技术中的应用不仅是为了优化代码结构，更是为了提高整体系统的可靠性和性能。限制对象之间的直接通信，能够有效地降低系统的复杂度和维护成本，同时提升系统的稳定性和安全性，确保船舶在各种复杂的海上环境中能够安全、高效地运行。

二、软件设计模式

（一）观察者模式

观察者模式定义了对象之间的一种特定依赖关系：一对多。这意味着一个称为“主题”的对象可以拥有多个依赖对象，称为“观察者”。当主题的状态发生变化时，所有观察者都会自动收到通知并且可以采取相应的行动。这种模式不仅提高了系统的灵活性和可扩展性，还确保了数据变化的及时处理。在轮机工程中，一个常见的应用场景是温度传感器监控系统。温度传感器被用来监测引擎或机械部件的温度变化，这些温度变化不仅是数字，还是反映设备运行状态的重要指标。通过观察者模式，我们可以设计一个系统，使得当温度传感器探测到温度变化时，多个监控模块和报警模块能够及时、有效地响应。

监控模块是观察者中的一种。当温度传感器检测到温度变化时，监控模块会收到通知并更新其显示或记录。这样，操作人员就可以实时了解设备的运行状态，及时发现和处理潜在的问题。这种实时监控极大地提高了系统的可靠性和安全性，避免了因温度异常导致的设备损坏或故障。报警模块也是观察者中的一种。当温度传感器检测到温度超过设定的安全阈值时，报警模块会收到通知并发出警报。这一功能在预防事故和确保安全方面尤为重要。比如，当引擎温度过高时，报警模块会立即通知操作人员采取措施，如降低引擎负荷或关闭引擎，以防止过热损坏。

通过观察者模式，不同的监控模块和报警模块都可以独立于温度传感器进行开发和维护。这种设计使得系统具有很高的模块化和灵活性。当需要增加新的监控模块或报警模块时，只需将它们注册到温度传感器上即可，无须修改已有的代码。这种可扩展性对于复杂的轮机工程系统尤为重要，因为系统的需求和功能可能会不断变化和扩展。观察者模式不仅适用于温度监控，还可以应用于其他传感器数据监控和处理场景，如压力、湿度等。在这些场景中，传感器的状态变化同样需要通知多个依赖对象，以便系统能够及时响应和处理。

（二）策略模式

策略模式的核心思想是将算法的选择和使用分离开来。通过定义一个策略接口，具体的算法实现在运行时通过配置或条件选择适当的算法。这种设计模式不仅提高了系统的灵活性和可扩展性，还简化了算法的维护和更新。

在能效优化系统中，燃油优化算法是关键的组成部分。船舶在不同的航行条件下，如海况、载重、速度要求等，需要不同的优化算法来确保最佳的燃油效率。通过使用策略模式，系统可以根据当前的船舶状况动态地选择最合适的燃油优化算法，从而实现最佳性能。举例来说，当船舶在平稳的海况下航行时，可以使用一种简单的燃油优化算法，该算法可能主要基于速度和负载来调整燃油消耗。然而，当海况变得恶劣时，另一种复杂的算法可能更适用，这种算法可能考虑更多的变量，如波浪高度、风速和航向，以优化燃油消耗。通过策略模式，这些算法可以被独立封装，并在运行时根据需要进行切换，而不需要对系统的其他部分进行修改。

策略模式的实现包括以下几个步骤：首先，定义一个策略接口，这个接口包含了所有具体算法需要实现的方法。例如，在燃油优化系统中，可以定义一个通用的优化方法。其次，创建多个具体的优化算法类，实现这个策略接口。每个具体算法类封装了特定的优化逻辑。例如，基于速度的优化算法和基于环境条件的优化算法。最后，在系统中通过一个上下文类来管理和选择具体的优化策略。这个上下文类在运行时会根据船舶的当前状况选择合适的优化算法，并调用其优化方法。

通过上述设计，能效优化系统可以灵活地选择和切换不同的燃油优化算法。例如，在平稳海况下使用基于速度的优化算法，而在恶劣海况下切换到基于环境条件的优化算法，从而实现最佳的燃油效率。策略模式的应用不仅提高了能效优化系统的灵活性和适应性，还为系统的扩展提供了便利。随着新的优化算法的开发，只需实现新的策略类并将其注册到系统中即可，无须对现有代码进行大幅修改。此外，这种设计模式也有助于代码的维护和测试，因为每个算法都是独立封装的，可以单独进行调试和优化。

（三）工厂模式

工厂模式的核心思想是将对象的创建过程封装起来，并通过一个统一的接口来管理对象的创建。这种设计不仅可以简化客户端代码，还可以根据不同的需求创建合适的对象，避免了在代码中显式地使用具体类，从而提高了系统的灵活性和可维护性。在传感器系统中，不同的传感器如温度传感器、压力传感器和湿度传感器等，具有不同的特性和数据处理需求。使用工厂模式，可以根据传感器类型创建相应的传感器对象，从而简化系统设计并提高代码的可读性和可维护性。具体来说，在传感器系统中，可以定义一个传感器创建接口，该接口包含一个用于创建传感器对象的方法。然后，根据不同的传感器类型，定义多个子类，每个子类负责创建一种具体类型的传感器。例如，温度传感器工厂负责创建温度传感器对象，压力传感器工厂负责创建压力传感器对象，湿度传感器工厂负责创建湿度传感器对象。

当需要创建传感器对象时，客户端代码通过调用传感器创建接口的方法，传递传感器类型的相关参数，具体的工厂子类根据传递的参数创建相应的传感器对象。这样，客户端代码无须关心具体的传感器实现，只需关注传感器的类型和接口，从而提高了系统的灵活性和可扩展性。举例来说，在一个船舶的轮机系统中，可能需要监控多个不同类型的参数，如温度、压力和湿度。使用工厂模式，可以根据实际需求动态地创建不同类型的传感器对象。例如，当需要监控温度时，温度传感器工厂创建温度传感器对象；当需要监控压力时，压力传感器工厂创建压力传感器对象；当需要监控湿度时，湿度传感器工厂创建湿度传感器对象。

这种设计不仅简化了对象创建的过程，还使得系统更具灵活性和可扩展性。当引入新的传感器类型时，只需添加相应的传感器工厂类，而无须修改现有的客户端代码，从而减少了代码的耦合度，提高了系统的可维护性。工厂模式还可以结合其他设计模式，如单例模式，以确保每种传感器类型在系统中只有一个实例，从而节省资源并提高系统性能。合理地使用工厂模式和其他设计模式，可以设计出更加高效和健壮的传感器系统。

（四）单例模式

单例模式的核心思想是限制类的实例化，使其只能创建一个实例，并提供一个全局的访问点。这样，所有需要使用该实例的地方都可以通过这个访问点获取同一个实例，从而避免了实例化多个对象带来的资源浪费和数据不一致问题。在系统日志管理中，单例模式的应用尤为重要，因为它确保日志记录的一致性和统一性。

单例模式可以确保日志管理器的唯一性。在一个复杂的系统中，如果存在多个日志管理器实例，不同部分的日志可能会分散到不同的实例中，导致日志记录的混乱和难以追踪的问题。通过单例模式，系统中的所有日志都由同一个日志管理器处理，确保了日志记录的集中和一致。这对于系统的调试和维护至关重要，因为工程师可以在一个地方查看和分析所有的日志信息。单例模式提供了一个全局访问点，使得系统中任何地方都可以方便地访问日志管理器。这种设计不仅简化了代码，还提高了系统的可维护性。工程师无须担心在不同模块中如何实例化和传递日志管理器，只需通过单例模式提供的全局访问点获取日志管理器实例即可。这种全局访问机制确保了系统日志记录的一致性和可访问性。单例模式还可以有效地管理系统资源。创建多个日志管理器实例会占用额外的内存和处理资源，特别是在高频日志记录的场景中，资源消耗可能会显著增加。单例模式通过限制实例化，能确保系统中只有一个日志管理器实例，从而节省了资源并提高了系统性能。这对于资源受限的环境，如嵌入式系统或移动设备，尤为重要。

应用单例模式到系统日志管理中还可以提升系统的可靠性。在单例模式下，日志管理器的初始化和配置只会执行一次，从而避免了重复初始化带来的问题。此外，单例模式可以结合其他设计模式，如工厂模式或策略模式，进一步增强日志管理器的功能和灵活性。例如，可以通过配置文件动态调整日志管理器的行为，如切换日志输出方式或调整日志记录级别，从而满足不同场景下的日志管理需求。

（五）适配器模式

设备和传感器的更新换代是常见的现象。然而，新的设备或传感器接口往往与现有系统不兼容，导致系统无法直接利用新技术带来的优势。为了解决这一问题，适配器模式提供了一种有效的解决方案。适配器模式通过将一个类的接口转换成客户希望的另一个接口，使新设备或传感器能够与现有系统兼容，确保系统的灵活性和可扩展性。适配器模式的核心思想是创建一个适配器类，这个类实现了现有系统所期望的接口，并在内部将请求转发给新设备或传感器。通过这种方式，适配器模式充当了一个桥梁，使得不同接口的设备可以无缝地协同工作。适配器模式不仅解决了接口不兼容的问题，还保护了现有系统的稳定性和完整性，避免了对系统进行大规模的修改。

在轮机工程中，适配器模式的应用非常广泛。一个典型的应用场景是传感器系统的升级。例如，某船舶的温度监控系统使用的是老式传感器，这些传感器通过特定的接口与监控系统进行通信。随着技术的发展，出现了新的温度传感器，这些传感器具有更高的精度和更多的功能，但其接口与现有系统不兼容。如果直接替换这些传感器，现有系统则可能无法正常工作，甚至需要进行大量的代码修改和测试，成本高昂且风险较大。此时，适配器模式可以发挥关键作用。通过设计一个适配器类，该类实现了现有系统所需的接口，并在内部调用新传感器的接口，从而实现了新旧系统的兼容。这样，新的温度传感器可以顺利集成到现有系统中，利用新技术带来的优势，而不需要对现有系统进行大规模的改动。

适配器模式的另一个应用场景是不同厂商设备的集成。在轮机工程中，不同厂商的设备可能具有不同的通信协议和接口标准。当需要将这些设备集成到一个统一的监控系统中时，接口不兼容的问题会显得尤为突出。通过使用适配器模式，可以为每种设备设计一个适配器类，使其实现统一的接口标准，从而实现不同设备的集成和协同工作。例如，在一个综合监控系统中，可能需要监控船舶的多种参数，如温度、压力、湿度等。不同厂商的传感器通过各自的接口提供数据，这些接口可能各不相同。通过适配器模式，可以为每种传感器设计对应的适配器类，使得所有传感器的数据都能够通过统一的接口提供给监控系统，从而实现对数据的统一管理和处理。

适配器模式不仅提高了系统的灵活性和可扩展性，还保护了现有投资，延长了系统的使用寿命。通过适配器模式，现有系统可以逐步升级和扩展，利用新技术的优势，而不需要一次性进行大规模的系统替换和升级。这种逐步升级的方式降低了风险和成本，提高了系统的可靠性和可维护性。

软件架构设计与优化策略

一、软件架构设计

以计算机辅助设计、仿真、制造和生产管理为核心功能的船舶工业软件，是船舶行业生产管理的基础工具和船舶设计建造的知识、标准和经验的重要载体，也是下一代船舶工业互联网、船舶智能制造等技术的核心软装备。长期以来，我国船舶行业高端工业软件主要以若干国外软件厂商的产品为主，“信息孤岛”现象明显，同时制约了船舶产业链上下游企业基于数字化、网络化、智能化的设计制造紧密协同与自主可控能力，因此，目前急需开展国产船舶工业软件的研发与应用推广。与面向消费者为主的通用互联网软件不同，由于船舶产品本身和制造过程的双重复杂性，对船舶工业软件的要求极高。工业软件嵌入了船舶行业制造的过程知识，需要船舶设计、建造和配套上下游企业共同参与研发。同时，面对重大型号产品制造的船舶工业软件应向各类企业用户提供高可信的持续服务。目前，我国船舶工业软件体系初步形成了从船舶设计、虚拟仿真、数据管理、船舶生产管理等一系列软件产品，并在我国船舶集团和各大船厂得到广泛应用。然而，我国船舶工业软件存在布局散、体系不健全、智能化水平不高、可扩展性和伸缩性不强、推广应用较困难的问题。

微服务架构成为确保大型、异构和松耦合软件架构的主要方式，并应用于大型互联网平台中。然而，若要确保高可信服务，软件必须具有服务自动恢复能力。传统的失效恢复技术依赖高成本的冗余和人为管理，难度大、成本高，而引入微重启技术，就可以通过重启部分应用的进程来解决系统间歇性或瞬时失效问题，使之具有了快速、非干扰性等优点，并实现可信微服务。

关于船舶工业软件的研究主要针对传统工业软件间的数据交互与定制开发等，而对工业互联网及智能制造背景下的开放式可视化软件架构的研究不多。对下一代船舶工业互联网软件进行总体架构设计，是实现软件功能并确保正确设计与实现的前提。本节以智能制造环境下的船舶工业互联网应用为背景，首先根据船舶工业软件的用户需求和设计原则，提出一个基于可信微服务的船舶工业互联网软件总体设计架构，然后对软件架构进行必要的抽象和简化，并利用 π 演算方法进行软件架构形式化分析与验证。

（一）船舶工业软件的趋势和挑战

当前我国船舶工业正处于数字化、网络化、智能化转型升级时期。下一代船舶工业软件将以云计算、5G 通信、物联网等作为技术基础，同时融合了 CAD、CAE、CAM、ERP 等船舶设计、建造过程中的主要业务环节的软件功能，从软件技术上支撑船舶产业链上下游紧密协作。船舶工业软件系统将具有 3 个基本特点。

1. 较大的软件规模

不同于一般工业品制造，大型复杂船舶产品涉及的专业面广、多学科交叉融合，研制过程是一个迭代设计、不断细化和优化的过程，需要建立多专业基于模型的设计建造协同研发平台。当软件系统扩展至如此规模后，单个软件服务失效就不再是异常现象，而是一种常态。因此，确保设计制造过程中的关键软件服务的可靠性将成为软件架构设计的重点。

2. 较强的异构性

船舶工业软件将吸引产业链上下游企业共同参与研发，开发者承担软件的开发、部署和维护的功能。因此，工业软件的异构性不仅体现在计算、存储能力和网络带宽等方面，也体现在不同企业开发软件所采用的程序语言和开发平台的差异方面。

3. 较强的动态演化性

船舶工业软件，将由单一功能的工具型软件向“平台软件 + 各类应用 App”型软件演进。通过对船舶产品研制的经验、标准、仿真与试验等知识的表达、复用与挖掘，构建 CAD、CAE、CAM 技术互相融合、面向知识驱动与知识创新的船舶研发平台，提高船舶装备制造的智能化和自动化水平，从而有效支撑船舶的研制创新。

船舶工业软件必须具有灵活且可扩展性、可伸缩性的技术架构，具备关键服务的可靠保障能力，以满足软件规模从小到大、应用程度由浅到深、软件扩展频率由少到多、用户对软件依赖性由低到高的不断演化和动态升级的要求。图 1 所示为典型的船舶工业软件应用场景。

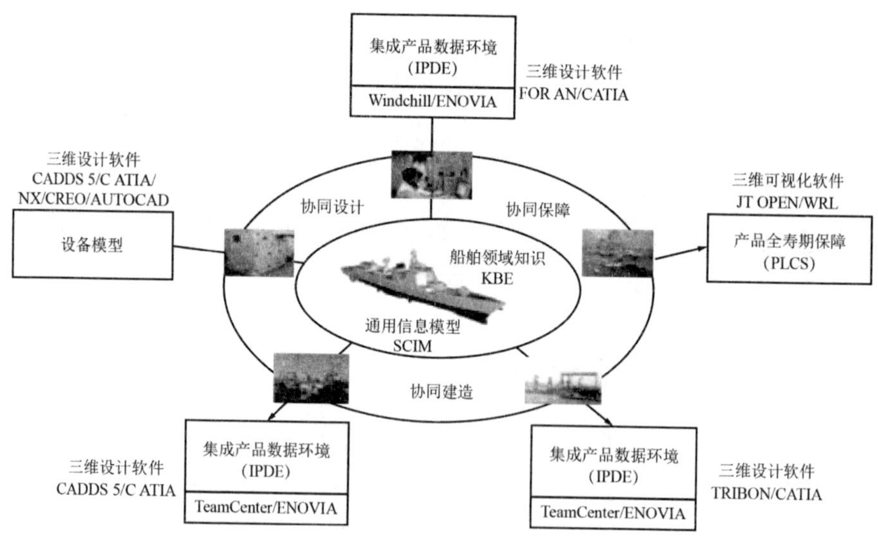

图 1　船舶工业软件的跨企业协同应用场景示例

（二）基于微服务的船舶工业软件架构

传统的工具型软件架构不适用于工业互联网时代的工业软件开发，面向服务架构（SOA）的软件架构设计目前已经成为主要方法。SOA 理念早在 1996 年就被提出，核心理念为：对于复杂的企业 IT 系统，按照不同、可复用的粒度划分，将功能相关的一组功能提供者组织在一起为用户服务。传统 SOA 架构由多个子系统组成，集成方式采用 ESB/WS/SOAP 技术，较为复杂。近年来，随着敏捷开发、持续集成等软件开发技术的应用，微服务设计方法成为实现 SOA 架构的最高效、灵活的方法。微服务采用松散的服务架构和基于 HTTP 的简单集成方式，使其具有了更好的灵活性、可实施性和可扩展性，非常适合作为产业链众多上下游企业共同参与开发和应用的行业级大型应用软件平台的体系架构。

微服务架构以业务为核心，按照业务领域来组织软件开发团队，并可以采用不同的软件平台和实现技术分别开发各自的微服务。为了保证工业软件在关键服务上的可靠性，可以采取具有微重启功能的软件服务模式，主要方法为将应用程序分为多个小的服务，每个服务独立部署，并采用了递归重启的恢复策略。当发生软件故障时，对可能发生故障的服务进行重启，若不能恢复，则一步步扩大微重启的范围，直至系统恢复或最终启动宏重启。基于可信微服务模式，提出船舶工业软件的体系架构，如图 2 所示。

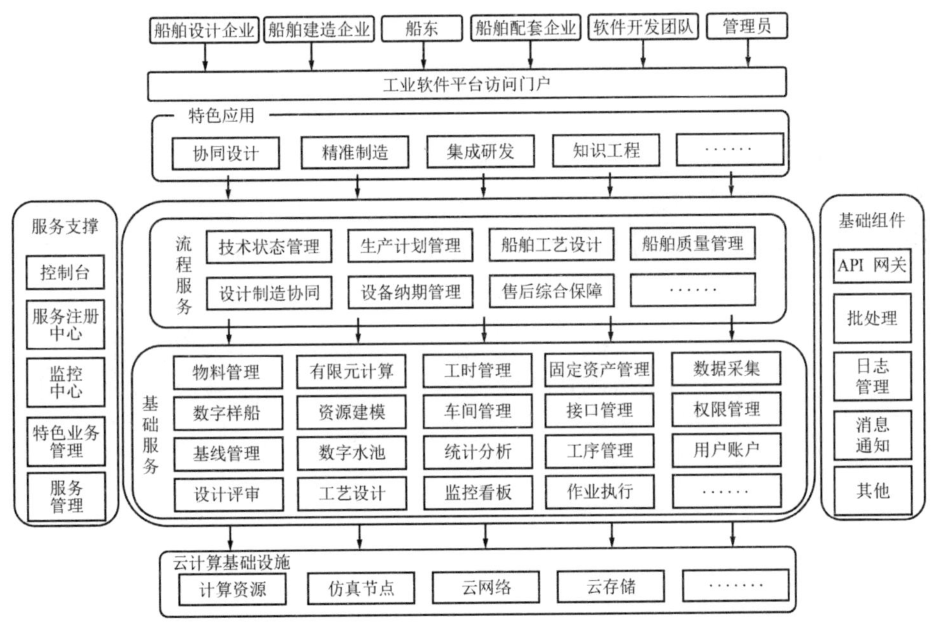

图 2　基于微服务的船舶工业软件架构图

微服务架构下的船舶工业软件将多个复杂的应用拆分成为多个服务，每个服务都是独立和可部署的业务单元，并都能独立运行在进程中，且各服务之间通过轻量级的通信机制建立联系。同时，以云计算平台作为基础设施，各合作企业可采取自主开发、自主部署、网络协作的方式，开展船舶工业软件的开发以及基于微服务的船舶工业软件。

层架构包括云计算基础设施层、基础服务层、流程服务层、特色应用层以及为各种用户提供访问接口的工业软件平台访问层。此外，为了提供软件的轻量级微服务，还需要有服务支撑的基础组件和服务管理。其中，云计算基础设施主要完成数据存储和数据计算。基础服务主要包括船舶工业日常工作中常用的服务功能。流程服务层主要为船舶工业领域具体业务提供相关工作流程。特色应用根据不同用户单位需求开展特色服务功能，满足单位个性化需求。工业软件的平台访问层主要为不同用户提供统一的访问接口。

（三）软件建模及语义验证

对软件进行形式化分析和验证是确保正确实现其设计的前提。首先，对关键软件服务进行抽象和必要的简化，建立精确描述系统行为和性质的模型。其次，对软件架构进行分析和形式化验证。软件的关键服务，其状态的转换经历初始化、顺序执行、失效挂起、服务恢复和服务完成等阶段。在服务运行过程中，启动、运行和导出是 3 个基本状态，而失效、清理和迁移等则为非必经状态。

π 演算是近年来并行计算领域最重要的并发模型之一，它能够描述结构不断变化的并发系统。软件的关键服务多通过软件自身状态与外部环境的交互来确定，所以状态 / 事件混合 π 演算较为适合描述此类交互式软件。

微服务组合中的每个 Web 服务可以被视为一个 π 演算的进程，而不同微服务之间的调用关系则可以被视作进程之间的通信。关键服务采用“服务 A”（ServiceA）表示，关键字 Status 表示在状态 / 事件混合 π 演算中所处理状态的预声明。当 ServiceA 被分配至指定计算主机（输入端口 port1）后，收到执行命令和相应参数，则 ServiceA 将进入等待就绪状态，并将 ServiceA 添加到当前执行的服务命题中。此后，ServiceA 从指定通道导入服务执行的必要数据。当服务执行所需的计算资源准备完毕后，服务进入执行（Execute）状态，并从形式化语义中的指定端口导出服务执行的最终结果。

为验证微服务架构形式化语义中是否存在服务可执行路径，利用模型检验工具——移动工作台进行服务执行的逻辑验证。验证结果表明，本文提出的船舶工业软件架构，共包含 825 个服务执行状态，验证过程总时间为动态耗时 1403 ms，最大内存占用 1704 kb。验证结果显示，微服务架构下存在至少一条服务运行逻辑路径，因此可以确保关键服务失效后通过微重启得到执行。验证结果可以为工业软件微服务架构设计方法的合理性提供相应的形式化保证。

二、优化策略

（一）性能优化

1. 缓存

缓存机制通过存储频繁访问的数据，减少了对数据库或传感器的直接访问需求。导航系统需要实时获取和处理大量的定位数据，以确保船舶航行的精确性和安全性。然而，频繁的数据库查询或传感器读取会增加系统的负担，导致响应速度变慢，甚至可能引发性能“瓶颈”。通过在本地缓存最近的定位数据，系统可以迅速提供所需信息，而无须每次都进行耗时的数据库或传感器访问。这不仅提高了数据访问的速度，还降低了系统的负载。缓存机制可以显著提升系统的可靠性和稳定性。在航行过程中，系统的稳定性至关重要。通过缓存最近的定位数据，即使在网络不稳定或传感器暂时失效的情况下，系统仍能提供最近的定位信息，确保导航功能的持续可用。这种缓存策略能够有效应对突发状况和数据传输延迟，提高系统的鲁棒性和容错能力。

使用缓存机制还能够优化系统的资源利用率，降低运行成本。频繁的数据库查询和传感器读取不仅增加了系统的处理负荷，还可能导致硬件设备的加速老化和能源消耗的增加。通过缓存机制，工程师们可以显著减少不必要的访问操作，延长设备的使用寿命，降低维护和更换成本，同时减少能源消耗，提升系统的整体经济性和环保性。缓存机制的实现需要合理的策略和技术支持。工程师们需要根据系统的具体需求和数据特性，设计合适的缓存策略。例如，可以设定缓存的有效时间和更新频率，确保缓存数据的实时性和准确性。同时，选择合适的缓存技术和工具，如内存缓存、分布式缓存等，保证缓存机制的高效运行和管理。此外，缓存机制还需结合系统的安全要求，确保缓存数据的安全性和完整性，防止数据泄漏和篡改。

2. 负载均衡

负载均衡是一种分配网络流量或工作负载到多个服务器的技术，旨在优化资源利用、提高响应速度并防止单个服务器过载。在船舶数据中心，通过负载均衡技术，可以将大量的请求合理地分配到服务器集群中的各个服务器上，避免某一台服务器成为“瓶颈”，进而提升整体系统的性能和稳定性。

负载均衡技术能够显著提高系统的处理能力和响应速度。在高负载情况下，单个服务器难以应对大量的并发请求，容易导致系统响应缓慢甚至崩溃。负载均衡，可以将请求均匀分配到多台服务器上，使得每台服务器仅需处理一部分请求，从而避免过载。这样一来，系统可以更加高效地处理请求，提供快速响应，并提高用户体验和操作效率。负载均衡技术增强了系统的可靠性和可用性。在船舶数据中心，系统的稳定性和连续性至关重要。负载均衡可以通过健康检查机制，实时监测各服务器的运行状态。当某台服务器出现故障时，负载均衡器能够自动将流量转移到其他正常运行的服务器上，确保系统服务不中断。这种自动化的故障转移机制，大幅提升了系统的容错能力和可靠性，保障了船舶的正常运行和安全航行。

负载均衡技术还提高了系统的可扩展性和维护性。随着业务需求的增长，数据中心需要增加新的服务器来处理更多的请求。负载均衡器可以轻松地将新增服务器加入服务器集群中，并自动调整流量分配，无须对现有系统进行大规模改动。这种灵活的扩展方式，确保了系统能够平稳地应对业务增长和变化。同时，在进行系统维护时，工程师可以逐步将服务器下线进行维护，而不会影响系统的整体运行。为了实现有效的负载均衡，需要选择合适的负载均衡算法和策略。例如，轮询（Round Robin）算法、最少连接（Least Connections）算法和加权分配（Weighted Distribution）算法等，可以根据服务器的处理能力和当前负载情况，灵活分配请求。此外，还需结合实际应用需求和系统架构，选择合适的负载均衡设备或软件，如硬件负载均衡器、软件负载均衡器（如 HAProxy、Nginx）等，确保负载均衡机制的高效运行。

3. 并行处理

多线程技术通过将任务分解为多个独立的线程并行处理，有效提高了数据分析的处理速度。在单线程环境中，任务按顺序执行，处理大量数据时容易产生“瓶颈”，导致系统响应缓慢。多线程技术则允许多个线程同时运行，充分利用多核处理器的能力，提高系统的并行处理能力。例如，在数据分析模块中，可以将不同的数据处理任务（如数据预处理、模型训练和结果分析）分配给不同的线程同时执行，从而显著缩短数据处理的总时间。分布式计算通过将计算任务分散到多个独立的计算节点上进行并行处理，进一步提高了数据处理的效率和扩展性。分布式计算系统可以跨越多个服务器和数据中心，分担计算负载，避免单点“瓶颈”。例如，在大规模数据分析中，可以将海量数据分片，分配给多个计算节点进行并行处理，每个节点只需处理自己负责的数据片段，最后汇总各节点的计算结果。这样不仅提高了数据处理速度，还增强了系统的容错能力和可靠性。

多线程和分布式计算技术在数据分析模块中的应用，不仅提高了处理速度，还带来了显著的经济效益和业务优势。首先，提高数据处理速度意味着可以更快地获得分析结果，为决策提供及时支持。在轮机工程中，快速的数据分析可以帮助工程师实时监控船舶运行状态，及时发现和解决潜在问题，提高航行安全性和效率。其次，通过并行处理技术，系统可以处理更大规模的数据，支持更复杂的分析模型和算法，提高数据分析的精度和深度，挖掘更多有价值的信息。另外，为了实现多线程和分布式计算技术在数据分析中的有效应用，工程师们需要克服一些技术挑战。一是，多线程编程需要解决线程同步和资源竞争问题，确保各线程之间的协调和数据一致性。分布式计算则需要处理数据分片、任务分配、结果汇总等复杂问题，确保各计算节点的高效协同工作。二是，选择合适的多线程和分布式计算框架和工具也至关重要。三是，市场上已有许多成熟的多线程和分布式计算框架，如 Apache Hadoop、Spark 等，可以帮助工程师快速搭建高效的数据处理系统。

（二）可维护性优化

1. 代码重构

代码重构有助于提高代码的可读性。随着项目的推进和功能的不断增加，代码库可能变得越来越复杂，难以阅读和理解。通过重构，工程师们可以重新组织代码结构，使其更加直观和易于理解。例如，重构可以将冗长的函数拆分为多个小而明确的函数，使用有意义的变量和函数命名，去除不必要的嵌套和复杂条件逻辑。这些改进不仅使代码更加简洁清晰，还方便了团队成员之间的协作，提高了开发效率。代码重构还显著提高了代码的可维护性。维护代码是软件开发周期中的一项长期任务，良好的代码结构和设计可以大大简化维护工作。通过定期重构，工程师们可以发现和修复隐藏的错误和潜在的性能问题，消除重复代码，提升代码的易用性和扩展性。例如，将重复的代码提取成公共函数或模块，使用设计模式优化代码结构，减少耦合度，增强模块的独立性。这些改进不仅使代码更加稳定和可靠，还简化了功能扩展和修改，为未来的开发工作打下坚实的基础。

定期重构还可以减少技术债务。技术债务是指在项目开发过程中，为了快速交付而产生的、需要后续修复的代码问题。随着时间的推移，技术债务会不断积累，影响系统的稳定性和性能。通过定期重构，工程师可以及时清理这些技术债务，避免其对系统产生负面影响。例如，在项目初期快速实现的功能代码，可能存在许多临时解决方案和低效实现，定期重构可以将这些代码优化为更高效、更可维护的版本，从而保持系统的健康状态。定期重构还促进了工程师的专业成长。通过重构，工程师可以不断反思和改进自己的代码习惯，学习和应用新的设计模式和最佳实践。这不仅提高了个人的编码能力和技术水平，还推动了整个团队的技术进步和文化建设。良好的重构实践和代码质量管理，能够培养工程师对代码质量的高度重视和追求，从而不断提高团队的整体开发水平。

2. 自动化测试

单元测试是基础测试，它通过测试代码的最小单元——通常是一个函数或一个类的方法，来验证其功能的正确性。单元测试的目的是确保每个单独的代码片段都按预期工作。通过编写详尽的单元测试，工程师可以在早期发现并修复错误，避免问题在系统集成时进一步放大。在轮机工程中，单元测试可以确保关键算法和功能模块的准确性，如导航计算、传感器数据处理等。这不仅提高了代码的质量和可靠性，还使得调试和维护更加高效。

集成测试通过测试多个模块或组件之间的交互，确保它们能够协同工作。即使每个单独的模块在单元测试中都表现良好，集成在一起时仍可能出现问题。集成测试旨在捕捉这些在模块交互中产生的错误，验证系统各部分的正确集成。例如，在轮机工程中，导航系统和传感器系统需要紧密协作，通过集成测试可以验证它们之间的数据传输和处理是否正确，以及在各种工作场景下是否能正常运行。集成测试不仅发现了模块间的兼容性问题，还确保了系统整体功能的协调一致。

端到端测试通过模拟真实用户场景，对整个系统进行全面测试，确保从用户界面到后台服务的所有功能都正常运行。端到端测试还覆盖了从输入到输出的整个过程，确保系统在实际使用中的稳定性和可靠性。在轮机工程中，这种测试可以验证系统在真实航行条件下的表现。例如，通过模拟各种天气和海况，测试系统的响应和处理能力。端到端测试不仅验证了系统的功能完整性，还确保了用户体验的连续性和一致性。

3. 文档化

系统文档在软件开发中扮演着重要角色。它们不仅描述了系统的整体架构和各个模块之间的关系，还详细说明了系统的功能和特性。例如，在轮机工程中，系统文档可以包括船舶的各个子系统如导航系统、动力系统、通信系统等的详细介绍，还包括其设计理念、技术选型、功能描述以及性能指标。这些文档能够帮助团队成员了解系统的全貌，有助于准确把握系统的需求和设计目标。代码注释是代码可读性和可维护性的关键因素。通过在代码中添加清晰和有意义的注释，开发人员能够解释代码的意图、关键算法和复杂逻辑。这对于后续的维护工作尤为重要，特别是在处理长期项目或团队成员变动时。例如，代码注释可以解释特定函数的输入输出、算法选择的原因、特定实现细节的考量等，帮助后来者理解代码的背景和思路。在轮机工程中，代码注释可以解释与船舶特定部件、传感器和系统集成相关的细节，使得未来的开发和改进工作更加高效和顺利。

系统文档和代码注释还能有效管理和减少技术债务。技术债务是由于开发过程中快速解决问题而产生的代码质量问题。通过详细的文档和注释，开发团队能够清楚记录和理解技术决策的背景和后果，避免类似问题的重复出现。例如，系统文档可以记录过去决策的依据和现实结果，有助于未来类似问题的决策制定。而代码注释则能够记录已知的问题、潜在的改进点和尚待优化的代码部分，帮助团队优先处理和解决技术事务，保持代码库的整洁和高效。文档化和注释也是团队协作和知识共享的重要手段。通过共享文档和注释，团队成员可以轻松查阅和理解其他成员编写的代码和设计思路，促进知识的传承和团队的协作。特别是在跨部门或跨国际合作的大型项目中，良好的文档化和注释实践可以消除沟通障碍，减少误解和冲突，提高团队整体效率和合作力。

（三）可扩展性优化

1. 水平扩展

通过增加服务器数量来提升系统的处理能力，特别是通过采用分布式数据库等技术手段，在现代软件开发和轮机工程中是一种常见和有效的策略。这种方法不仅可以显著提高系统的性能和吞吐量，还能够有效应对系统在高负载和大规模数据处理方面的挑战。

分布式系统架构允许将系统负载分散到多个服务器上进行并行处理。在数据处理模块中采用分布式数据库，如使用Hadoop、Cassandra或MongoDB等，可以将数据存储和处理任务分布到多个节点上，从而充分利用各个节点的计算资源和存储容量。这种方式不仅提高了系统的整体处理能力，还提高了系统的可伸缩性和弹性，使其能够应对日益增长的数据量和用户需求。增加服务器数量可以有效降低单点故障的风险，通过在系统中引入多个服务器节点，即使某个节点发生故障，系统仍然可以继续运行。这种高可用性的设计能够显著减少系统因硬件故障或其他意外事件而导致的停机时间，提升系统的稳定性和可靠性。在轮机工程中，这尤为重要，因为船舶上的系统必须长时间稳定运行，即使在恶劣的海洋环境条件下也不能停摆。

分布式架构可以支持地理上的分布和跨地域的数据复制。例如，在船舶数据处理中，分布式数据库可以将数据分布到多个地理位置的节点上，并保持数据的一致性和可用性。这种设计不仅有助于提高数据访问速度，减少延迟，还可以满足数据本地化和合规性要求。例如，根据不同国家和地区的法规要求，可以在数据处理模块中实现数据分片和复制，确保数据在多地的备份和可访问性。采用分布式架构还能够提升系统的整体安全性。在多个服务器上分布数据和处理任务，可以减少单点攻击的风险，增强系统的抗攻击能力。同时，分布式系统通常配备有专门的安全措施和监控机制，能够及时检测和响应安全事件，保护系统免受恶意行为和数据泄漏的威胁。

2. 垂直扩展

提升单台服务器的硬件性能是提高系统能力和性能的一种重要途径，尤其是在处理高性能计算任务时。通过升级中央处理器（CPU）和内存等硬件组件，可以有效提升服务器的计算能力、响应速度和处理效率，从而满足系统在复杂计算和大规模数据处理方面的需求。CPU是服务器性能的核心组成部分之一。随着技术的进步，新一代的CPU通常具有更高的时钟频率、更多的核心数和改进的指令集，这些特性能够显著提升服务器的计算能力和处理速度。例如，对于需要大量计算的数据分析任务或科学计算模型，在升级到更快速、更强大的CPU后，可以显著缩短计算时间，提高数据处理效率。在轮机工程中，这种优化尤为重要。例如，在船舶动力系统的模拟和优化中，通过升级 CPU 来加速复杂计算，能够确保系统的实时性和准确性。

内存（RAM）的升级也对系统性能有显著影响。内存容量越大，系统能够同时处理和存储的数据量就越大，从而减少了因数据访问速度慢而导致的延迟。特别是对于需要大内存支持的内存密集型应用，例如，大规模数据库操作或实时数据分析，升级内存可以显著提高系统的吞吐量和响应速度。在船舶数据处理中，例如，对传感器数据进行实时处理和分析时，通过增加内存容量可以更有效地缓存和处理海量数据，确保系统在各种环境条件下的可靠运行。硬盘存储和网络接口等其他硬件组件的优化也对系统性能有重要影响。例如，采用更快速、更可靠的固态硬盘（SSD）可以显著加快数据读写速度，降低数据访问延迟；升级网络接口则可以提高数据传输的稳定性和速度，特别是对于需要大量数据交换和远程访问的应用场景，如远程监控和管理系统。

（四）可靠性优化

1. 冗余设计

冗余设计基于的核心思想是在系统中引入多个同等功能的备用组件或设备，以备份主要组件的功能。在导航系统中，GPS 设备被视为至关重要的定位和导航工具。通过安装两个或多个独立运行的 GPS 设备，即使其中一个设备遭遇故障或信号干扰，系统仍然能够依靠另一个设备提供准确的定位信息。这种冗余设计不仅保证了船舶或其他运输工具在复杂海洋环境下的安全导航，还能够确保航行过程中的实时位置跟踪和导航指引。冗余设计有助于降低系统因硬件故障或意外事件而导致的停机时间。在单一 GPS 设备的情况下，一旦设备发生故障，可能需要暂停船舶的导航工作，并且必须迅速修复或更换设备才能恢复操作。然而，通过使用冗余的双重 GPS 设备，系统能够实现自动切换到备用设备，几乎没有中断地继续提供导航服务。这种高可用性设计在关键时刻能够保证船员和船舶安全，避免不必要的风险和操作延迟。

冗余设计还提升了系统的抗干扰能力和稳定性。在导航系统中，GPS 信号可能受到天气、电磁干扰或技术故障的影响。通过同时使用两个独立的 GPS 设备，系统可以根据各自的信号质量和可用性自动选择最佳的定位数据源，从而降低误差发生的可能性，提高导航精度和可靠性。冗余设计不仅适用于导航系统，在航空、铁路、能源和工业等领域的关键系统中也有广泛应用。例如，在飞行器的飞行控制系统中采用双重冗余设计，可以确保飞行安全；

在电网控制系统中使用冗余电力供应路径，可以保障电力系统的稳定运行。这些例子均表明，冗余设计是一种通用且高效的工程实践，能够应对复杂环境和高风险任务带来的挑战。

2. 故障转移

故障转移机制的设计关键在于识别系统中的关键组件和流程，并为它们提供备用解决方案。例如，在船舶技术中，动力系统是必不可少的关键组件之一。设计故障转移机制时，可以考虑在主要动力系统故障时自动切换到备用动力系统，保证船舶在海上持续运行和安全航行。故障转移机制依赖先进的监控和控制技术。实时监测系统的健康状态和性能指标，可以及时发现潜在的故障迹象，并在故障发生前采取预防措施或启动故障转移过程。例如，利用传感器监测船舶引擎的工作状态和性能参数，一旦检测到主引擎的异常行为或性能下降，系统可以自动切换到备用引擎，避免系统完全失效。

故障转移机制需要考虑到切换过程中的平稳过渡和影响最小化。在设计阶段，应充分考虑切换过程可能带来的临时性影响，如数据传输中断或服务暂停。通过采用冗余设备、并行运行或数据镜像等技术，可以减少切换时的数据丢失和系统停机时间，确保用户和操作人员几乎无感知地继续工作。故障转移机制不仅是技术实现，还涉及操作流程和人员培训。为了确保故障转移过程的有效性和可靠性，必须进行定期的演练和测试。模拟真实故障情景，评估故障转移机制的响应时间和效果，能够发现和解决潜在的问题和“瓶颈”，提高团队对应急情况的应对能力。

3. 备份和恢复

数据备份是保障信息安全和业务连续性的基础。通过定期备份关键数据，系统能够在面临各种风险如硬件故障、恶意软件攻击、自然灾害或人为错误时，迅速恢复至备份数据的状态。这种预防性的措施不仅能帮助组织避免数据丢失的风险，还能够降低因数据不可用而导致的业务中断风险，特别是对于需要高度依赖数据的行业和应用场景，如金融服务、医疗保健和交通运输等领域。制订详细的数据恢复计划是确保备份数据有效性和恢复效率的关键步骤。恢复计划应包括清晰的流程和责任分配，以确保在发生数据丢失或系统故障时，团队能够迅速、有序地执行恢复操作。这包括定义恢复优先级、确定恢复时间目标（RTO）和恢复点目标（RPO），以及验证备份数据的完整性和可恢复性。定期演练和测试恢复过程，可以识别和解决潜在问题，提高团队对应急情况的响应能力和效率。

数据备份和恢复计划需要根据实际情况和业务需求进行定制化。不同的系统和数据类型可能需要不同频率和方式的备份策略。例如，对于实时交易数据的金融系统，可能需要每天甚至每小时都进行备份；而对于静态资料的存档系统，则可以采用更长周期的备份策略。同时，考虑到数据存储成本和资源限制，可以采用增量备份或差异备份等技术，优化备份效率和资源利用率。随着云计算和虚拟化技术的发展，数据备份和恢复方案也越来越多地集成在云服务提供商的解决方案中。云备份提供了灵活性和可扩展性，能够自动化备份和恢复过程，并提供高级别的安全保护和合规性控制。许多组织选择将数据备份和恢复外包给专业的云服务提供商，以降低管理成本，提高数据安全性和可用性。

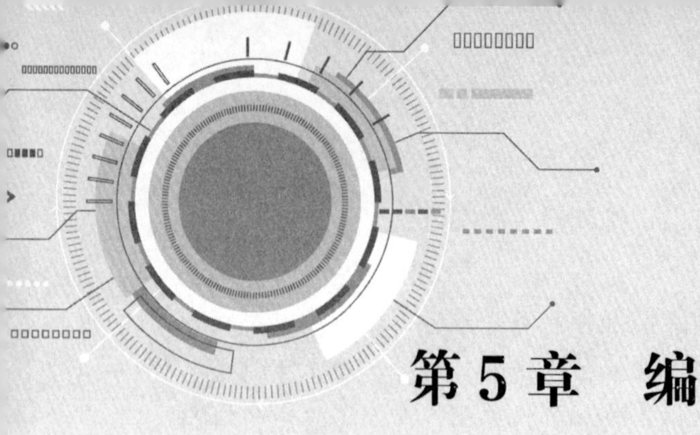

第 5 章　编码与开发

编码规范与最佳实践

在轮机工程软件开发中，遵循编码规范和最佳实践是确保代码质量、可维护性和可扩展性的关键因素。

一、编码规范

在现代软件开发中，良好的命名规范不仅有助于提高代码的可读性和维护性，还能促进团队协作，并确保代码的一致性。以下是针对类名、方法名、变量名和常量名的一些命名规范。

（一）命名规范

1. 类名

使用大驼峰命名法，即每个单词的首字母均大写。例如：

EngineMonitor`

TemperatureSensor`

DataProcessor`

2. 方法名

使用小驼峰命名法，即第一个单词的首字母小写，后续单词的首字母大写。例如：

readSensorData（）`

calculateEfficiency（）`

updateStatus（）`

3. 变量名

使用小驼峰命名法，名称应简洁明了，清晰地描述变量的含义。例如：

temperatureValue`

sensorReading`

engineStatus`

4. 常量名

使用全大写字母和下划线分隔，明确表示这些值在程序运行过程中不会改变。例如：

MAX_TEMPERATURE`

MIN_PRESSURE`

DEFAULT_TIMEOUT`

这些命名规范在不同类型的编程语言中可能略有差异，但基本原则是一致的：清晰、一致和易读。在编写代码时，遵循这些命名规范可以显著提高代码的质量和团队协作的效率。

在软件开发过程中，清晰且一致的命名规范是编写高质量代码的重要基础。良好的命名规范不仅有助于提高代码的可读性和维护性，还能促进团队协作，并确保代码的一致性。在这里，我们探讨如何在项目中有效地实施类名、方法名、变量名和常量名的命名规范。类名应采用大驼峰命名法。这种命名方式使类名看起来简洁且具有辨识度，每个单词的首字母均大写。例如，对于一个监控引擎的类，我们可以命名为 ` EngineMonitor` 而处理数据的类可以命名为 ` DataProcessor`，这种命名方式使类名具有一致性和可读性，便于开发人员快速识别和理解类的用途。方法名应采用小驼峰命名法。这种命名方式的特点是，第一个单词的首字母小写，而后续单词的首字母大写。例如，一个读取传感器数据的方法可以命名为 ` readSensorData ( ) ` 而计算效率的方法可以命名为 ` calculateEfficiency ( ) `，小驼峰命名法使方法名简洁明了，便于开发人员理解方法的功能和用途。

对于变量名，同样采用小驼峰命名法。变量名应简洁明了，能够清晰地描述变量的含义。例如，用于存储温度值的变量可以命名为 ` temperatureValue` 用于存储传感器读数的变量可以命名为 ` sensorReading`，这种命名方式有助于提高代码的可读性，使开发人员能够轻松理解变量的用途和含义。常量名应采用全大写字母和下划线分隔。常量名通常表示在程序运行过程中不会改变的值，因此需要明确表示其不变形。例如，用于表示最大温度的常量可以命名为 ` MAX_TEMPERATURE`，用于表示最小压力的常量可以命名为 ` MIN_PRESSURE`，这种命名方式使常量名显得醒目，便于开发人员快速识别和使用常量。

在实际项目中，遵循这些命名规范可以显著提高代码的质量和团队协作的效率。通过统一的命名规则，开发团队可以减少代码审查中的争议，提高代码的一致性和可维护性。此外，清晰的命名规范有助于新成员快速上手，理解代码的结构和逻辑，从而加快项目进度。实施清晰且一致的命名规范是编写高质量代码的关键步骤。通过采用大驼峰命名法为类命名、小驼峰命名法为方法和变量命名，以及全大写字母和下划线分隔为常量命名，开发团队可以确保代码的可读性和维护性，从而提高整体项目的质量和效率。这些命名规范不仅是编程的最佳实践，更是构建高效、可靠和可扩展软件系统的重要基础。

（二）代码注释

在轮机工程软件开发中，遵循编码规范和最佳实践是确保代码质量、可维护性和可扩展性的关键因素。注释在这一过程中扮演着重要角色，通过清晰、详细的注释，可以提高代码的可读性，使团队成员更容易理解和维护代码。良好的注释习惯不仅有助于开发人员之间的协作，也为未来的维护和扩展工作提供了重要参考。

1. 单行注释

最常用的一种注释方式，它使用 ` 进行标记，注释内容简洁明了，直接说明代码的作用或意图。单行注释通常用于解释简单的逻辑或标注关键步骤。例如，在一个检测引擎温度的代码段中，可以通过单行注释标明当前步骤是检查温度是否超过设定值。如果温度过高，则要执行相应的保护措施。这种注释方式可以帮助开发人员快速理解代码的主要逻辑和关键点，避免因为代码的复杂性而导致理解困难。

2. 多行注释

用于详细说明复杂逻辑或代码片段，它使用 `★ ... ★/ 进行标记。这种注释方式适合用于解释较长的代码块，或说明特定算法和逻辑的细节。在轮机工程软件中，某些算法和计算方法可能涉及复杂的数学公式和逻辑判断，通过多行注释，可以清晰地描述这些算法的原理和实现步骤，帮助开发人员更好地理解和维护代码。例如，在一个计算引擎效率的代码段中，可以通过多行注释详细说明计算公式、输入输出参数及其单位等信息，使得代码的逻辑更加透明和易于理解。

3. 文档注释

为类、方法和模块添加的详细说明，使用 `** ... */ 进行标记。文档注释不仅说明功能、参数和返回值，还可以用于生成 API 文档，为用户和开发人员提供全面的参考信息。文档注释通常包括类的描述、方法的功能说明、参数的解释以及返回值的详细信息。在大型软件项目中，文档注释是非常重要的，它可以帮助新加入的团队成员快速了解各个模块的功能和接口，减少学习曲线，提高开发效率。例如，在一个引擎监控类中，通过文档注释详细描述其功能、主要方法、输入参数和返回值，可以使开发人员快速理解该类的作用和使用方法，为代码的复用和扩展提供了便利。

在团队协作中，良好的注释习惯还有助于提高协作效率和减少沟通成本。由于不同开发人员的编码风格和理解能力各异，统一的注释规范可以确保所有成员都能清晰理解代码的意图和逻辑，避免因沟通不畅导致的错误和延误。在代码审查过程中，注释也起到了重要作用，经验丰富的开发人员可以通过注释快速理解代码的逻辑和意图，发现潜在的问题并提出改进建议。注释在代码的维护和扩展中也发挥着重要作用，软件开发是一个不断迭代和改进的过程，良好的注释可以显著降低维护的难度。当代码需要进行修改或扩展时，详细的注释可以帮助开发人员快速理解现有代码的逻辑和实现，避免因为理解错误而引入新的问题。注释还可以记录代码的历史变更和重要决策，为未来的维护提供参考和支持。

（三）代码格式

在软件开发过程中，代码规范的遵循不仅能提高代码的可读性和维护性，还能促进团队协作，提高开发效率。在轮机工程软件开发中，这些规范尤为重要，因为项目通常涉及复杂的逻辑和大量的代码。

1. 缩进

使用四个空格进行缩进而不使用制表符（tab），可以确保代码在不同的编辑器和环境中显示一致。四个空格的缩进能够清晰地展示代码的层次结构，使得嵌套的逻辑更加直观。例如，在一个多层嵌套的条件判断中，适当地缩进可以帮助开发人员快速理解代码的逻辑层次，避免因为缩进混乱导致的理解困难和错误。统一的缩进风格也使得代码审查更加容易，因为所有团队成员都能按照相同的标准阅读和检查代码。

2. 行长度

建议每行代码长度不超过 80 个字符，必要时进行换行。这一规范的目的是避免过长的代码行出现，使得代码在屏幕上显示完整，不需要左右滚动，从而提高可读性。在实际开发中，特别是在编写复杂逻辑或长表达式时，控制行长度可以使代码更紧凑和易读。例如，在一个长函数调用或复杂的数学计算中，合理地换行可以使每一部分的逻辑更加清晰，方便调试和维护。此外，限制行长度还可以使代码在打印或在分屏模式下查看时更加方便。

3. 空行

通过在逻辑块之间插入空行，可以使代码的结构更加分明，便于阅读和理解。空行的使用类似于文章中的段落分隔，它可以帮助开发人员快速识别代码的不同部分。例如，在一个函数中，可以通过空行分隔变量定义、逻辑处理和返回结果等不同部分，使得每个部分的功能更加明确。在长函数或复杂逻辑中，适当的空行可以减少视觉疲劳，帮助开发人员保持注意力，提高工作效率。

4. 括号

左大括号应与语句在同一行，右大括号则应独占一行。这种括号风格称为“KNF（Kernighan and Ritchie）风格”，它使得代码更加紧凑和一致。例如，在定义一个函数或控制结构（如 if 语句、for 循环）时，将左大括号与语句放在同一行可以减少代码行数，而右大括号独占一行则可以明确地标识代码块的结构。这种风格有助于开发人员快速理解代码的结构和范围，减少因括号匹配错误导致的调试时间。

通过结合上述几项关键的代码规范，可以显著提高代码的可读性和维护性。缩进、行长度、空行和括号的统一使用，使得代码在视觉上更加整洁和有序。在团队协作中，这些规范还可以减少沟通成本，提高协作效率。所有团队成员按照相同的规范编写代码，可以使代码库更加一致和标准化，便于代码审查和版本控制。例如，在一个轮机监控系统的开发中，这些规范可以帮助团队更高效地进行开发和调试。假设我们有一个复杂的函数负责读取传感器数据、处理数据并生成报告。通过使用四个空格进行缩进，可以清晰地展示各个嵌套逻辑的层次结构；控制行长度在 80 个字符以内，可以使每行代码更加紧凑和易读；通过适当的空行分隔逻辑块，可以使函数的各个部分更加明确；采用统一的括号风格，可以使代码块的起始和结束更加明显。这些规范不仅使代码更易于理解和维护，还能提高整个团队的开发效率和代码质量。在轮机工程软件开发中，遵循缩进、行长度、空行和括号的使用规范，是确保代码质量和提高团队协作效率的关键。通过这些最佳实践，开发人员可以编写出更高质量、更易维护的代码，并确保软件系统的长期稳定和可靠运行。

（四）一致性

在轮机工程软件开发中，保持样式一致性和文件结构一致性是确保代码质量、可维护性和项目整体可管理性的关键。这些规范不仅提高了代码的可读性和一致性，还促进了团队协作，提高了开发效率。

1. 样式一致性

样式一致性是指在整个项目中保持一致的编码风格，包括命名规范、缩进方式、注释风格等。保持样式一致性可以让代码看起来更加整洁和专业，减少因风格不同而导致的理解困难和沟通障碍。

命名规范是样式一致性的核心部分。在项目中，所有类名、方法名、变量名和常量名都应遵循相同的命名规则。例如，类名使用大驼峰命名法，方法名和变量名使用小驼峰命名法，常量名使用全大写字母和下划线分隔。这种一致的命名规范不仅提高了代码的可读性，还使得代码更易于理解和维护。缩进和行长度的统一也是保持样式一致性的重要方面。使用四个空格进行缩进，不使用制表符（tab），可以确保代码在不同的编辑器和环境中显示一致。行长度控制在 80 个字符以内，有助于避免出现过长的代码行，使得代码在屏幕上显示更加紧凑和易读。适当的空行分隔逻辑块，可以使代码结构更加分明，便于阅读和理解。注释风格的一致性也不可忽视。单行注释、多行注释和文档注释应统一使用规定的格式。例如，多行注释使用★ ... ★/，文档注释使用★★ ... ★/，统一的注释风格可以帮助开发人员快速识别和理解代码的意图和逻辑，提高代码的可维护性。

2. 文件结构一致性

文件结构一致性是指按功能模块组织代码文件，每个文件实现一个主要功能。合理的文件结构可以使项目更加模块化和清晰，便于代码的管理和维护。

按功能模块组织代码文件可以显著提高代码的可读性和可维护性。在轮机工程软件中，不同的功能模块可能包括传感器数据读取、数据处理、异常检测、日志记录等。将这些功能模块分别放在不同的文件中，可以使每个文件的内容更加集中和明确。例如，传感器数据读取功能可以放在

SensorDataReader.java 文件中，数据处理功能可以放在 DataProcessor.java 文件中，异常检测功能可以放在 FaultDetector.java 文件中。这样的文件结构不仅使代码更易于理解和维护，还便于模块化开发和测试。每个文件实现一个主要功能，可以提高代码的复用性和可测试性。在复杂的轮机工程系统中，不同的功能模块可能需要独立开发和测试。将每个功能模块分离到独立的文件中，可以方便地进行单元测试和集成测试，提高测试的覆盖率和效率。例如，可以针对 SensorDataReader 类编写单独的测试用例，确保传感器数据读取功能的正确性。类似地，可以针对 DataProcessor 类和 FaultDetector 类分别编写测试用例，确保数据处理和异常检测功能的正确性。这样的文件结构有助于提高代码的质量和可靠性。合理的文件结构还可以促进团队协作和代码的版本控制。在团队开发中，不同的开发人员可能负责不同的功能模块，通过按功能模块组织代码文件，可以使每个开发人员明确自己的工作范围，减少代码冲突和合并困难。同时，合理的文件结构也便于代码的版本控制和管理，提高团队的协作效率和项目的可管理性。

二、最佳实践

（一）代码复用

在现代软件开发中，模块化设计和函数复用是确保代码质量、提高开发效率和增强系统可维护性的关键策略。尤其在复杂的系统如轮机工程软件中，这些原则能够大大简化开发过程，促进代码的复用性和可读性。

1. 模块化设计

模块化设计是一种将代码分割成独立模块或类的策略，使得每个模块或类专注于实现特定功能。这种设计方法可以显著提高代码的复用性、可维护性和可扩展性。模块化设计有助于代码的组织和管理。在一个复杂的轮机工程软件项目中，不同模块可能包括传感器数据读取、数据处理、异常检测、日志记录等。通过将这些功能分割成独立的模块，每个模块专注于完成特定任务，可以使代码更加清晰和有序。例如，创建一个 SensorDataReader 类专门负责传感器数据的读取，一个 DataProcessor 类专门处理数据，一个 FaultDetector 类专门进行异常检测。这种模块化设计使得每个模块的职责更明确，代码更易于理解和维护。

模块化设计提高了代码的复用性和可扩展性。每个模块都是独立的，可以在不同的项目中复用，而无须重新编写代码。例如，SensorDataReader 类可以在多个项目中复用，只需根据具体需求进行少量的修改或扩展。这样的设计不仅减少了重复劳动，还提高了代码的稳定性和可靠性，因为经过测试和验证的模块可以直接应用于新项目中。模块化设计便于团队协作和并行开发。在大型项目中，不同的开发人员或团队可以负责不同的模块，通过明确的接口进行协作。例如，一个团队可以专注于开发和测试 SensorDataReader 模块，另一个团队可以负责 DataProcessor 模块，所有团队通过预定义的接口进行集成。这样的协作方式不仅提高了开发效率，还减少了团队间的依赖和冲突，从而确保项目按时交付。

2. 函数复用

函数复用是指提取公共逻辑为独立函数，避免代码重复。这种策略有助于减少冗余代码，提高代码的可维护性和可读性。函数复用可以显著减少代码重复。在一个复杂的轮机工程软件中，某些逻辑或操作可能会在多个地方重复出现。例如，数据校验、格式转换、日志记录等功能。如果每次都重复编写这些逻辑，不仅浪费时间，还容易引入错误。通过将这些公共逻辑提取为独立函数，可以在需要时直接调用，提高开发效率和代码的一致性。

函数复用提高了代码的可维护性和可靠性。通过将公共逻辑集中到独立函数中，可以方便地进行修改和更新，而无须在多个地方进行重复修改。例如，如果需要修改数据校验的逻辑，只需修改对应的函数即可，所有调用该函数的地方都会自动应用最新的逻辑。这种方式减少了出错的风险，确保代码的一致性和可靠性。

（二）异常处理

在软件开发过程中，特别是在构建复杂系统如轮机工程软件时，正确处理异常并记录日志是至关重要的实践。这些技术不仅有助于提高系统的稳定性和可靠性，还能够加速问题诊断和解决过程，从而最大限度地减少潜在的业务中断或数据损失风险。

捕获异常是一种在代码中预测并处理可能出现的错误或异常情况的方法。通过使用 try-catch 结构，可以在可能抛出异常的代码块中包裹起来，并在 catch 块中编写处理代码。这样做的目的是防止异常传播到整个系统，导致系统崩溃或不稳定。例如，在轮机工程软件中，可能会有与传感器数据交互的代码段，如果出现通信中断或数据格式错误，就需要在代码中使用 try-catch

来捕获这些异常，然后进行适当的错误处理或日志记录。

自定义异常类是一种扩展标准异常类的方式，用于在特定情况下提供更详细的错误信息。在轮机工程软件中，自定义异常类可以根据具体的业务逻辑和异常情况来设计。例如，可以定义一个 SensorDataException 类，用于表示与传感器数据处理相关的异常，包括传感器通信超时、数据解析错误等。通过自定义异常类，开发人员可以更精确地捕获和处理特定类型的异常，从而提高代码的可读性和维护性。

日志记录在异常处理中起着至关重要的作用。当异常发生时，记录详细的日志信息可以帮助开发人员追踪问题的根源，并快速定位和修复错误。在轮机工程软件中，可以使用日志框架如 Log4j 或 SLF4J 来记录异常和其他关键操作的日志。合理的日志记录不仅有助于调试和错误追踪，还可以为系统运维人员提供有用的运行时间信息，帮助监控系统的健康状态并及时作出响应。

（三）代码审查

1. 代码评审

代码评审是一种系统化的活动，通过审查代码来发现潜在的问题和改进机会。它有助于确保代码符合规范、易于理解和维护。在轮机工程软件开发中，代码评审尤为重要，因为系统稳定性和安全性对于航海和机械工程至关重要。

代码评审不仅是寻找代码缺陷的过程，更是一种团队协作和知识分享的重要机制。定期进行代码评审是确保每个团队成员都参与代码质量管理的关键步骤。例如，可以在每个迭代结束后或每周的固定时间安排代码评审会议。这种频率不仅能够确保问题及时发现，还能够在开发周期早期就进行必要的调整和优化。在代码评审过程中，多角度审查是提高代码质量的有效方法。邀请来自不同专业背景的团队成员参与评审，可以确保代码在技术、安全、性能等方面的全面性。例如，在轮机工程软件开发中，可能需要船舶工程师、软件工程师和安全专家共同审查代码，以确保系统的稳定性和安全性。

另一个关键点是记录评审中的反馈和建议。通过详细记录发现的问题和改进建议，可以确保问题得到跟踪和解决。这种实践不仅有助于改进当前代码，还能够为未来的项目提供宝贵的经验教训。要在团队中建立积极的审查文化，鼓励开放和建设性地讨论，使每个团队成员都能自信地参与评审过程。这种文化不仅能够提升代码质量，还能够促进团队协作和技术共享，从而推动整体团队的成长和发展。

2. 同行审查

同行审查是团队成员之间相互审查和提供反馈的过程，通常是在代码提交前进行，以确保代码质量和最佳实践的遵循。它不仅有助于发现潜在问题，还可以促进团队内部的知识分享和经验交流。

同行审查不仅是一种找出代码缺陷的手段，更是一种团队协作和技术共享的重要机制。定期安排审查会议是确保每位开发人员都参与质量管理中的关键步骤。通过在团队会议或特定时间安排审查，每位开发人员都有机会接受和提供反馈，从而确保代码在审查过程中得到全面地审查和改进。使用工具辅助审查是提高审查效率和记录审查过程的重要手段。例如，利用像 GitHub 的 Pull Request 功能或专门的 Code Review 工具，团队可以在代码提交前进行详细的审查。这些工具不仅能够记录评论和建议，还能帮助团队成员更轻松地交流和讨论代码的具体部分。

在审查过程中，关注问题的根本原因是确保代码质量和长期稳健性的关键。除了审查代码的表面问题外，团队还应探索潜在的设计或实现缺陷。这种深入的审查能够帮助团队发现和解决潜在的技术债务，并确保代码在未来的迭代中仍然稳定可靠。接受和提供建设性反馈也是建立积极审查文化的关键，团队成员应该学会接受他人的批评和建议，并且在审查过程中提供自己的观点和建议。这种开放和建设性的讨论有助于提升团队的协作能力和技术水平，从而推动整体团队向更高水平发展。

（四）性能优化

1. 算法优化

算法优化是通过选择合适的数据结构和算法来提高代码的性能和效率。在轮机工程软件开发中，特别是涉及大规模数据处理或复杂计算的场景时，算法优化可以显著提升系统的响应速度和资源利用率。例如，选择使用哈希表而不是线性搜索来快速查找数据，或者使用动态规划算法来优化复杂的问题求解过程。

2. 内存管理

内存管理是确保程序在运行过程中有效使用内存资源的关键。特别是在长时间运行或高并发环境下，内存泄漏可能导致程序性能下降甚至系统崩溃。因此，开发人员应该注意及时分配和释放内存，避免不必要的内存占用。使用合适的数据结构和对象生命周期管理技术，如对象池模式或引用计数，可以帮助有效地管理内存资源。

3. 资源管理

资源管理涉及及时释放不再使用的各种资源，包括文件句柄、数据库连接、网络连接等。在轮机工程软件中，可能会频繁操作文件或与外部设备通信，良好的资源管理能够避免资源耗尽或系统负载过重的问题出现。确保在不再需要资源时及时关闭和释放，以提高系统的稳定性和可靠性。

（五）安全性

1. 输入验证

输入验证是确保用户输入的合法性和安全性的关键步骤。特别是在处理用户输入时，应该验证输入数据的格式、长度和内容，以防止恶意用户利用输入漏洞进行注入攻击（如 SQL 注入、XSS 攻击等）。采用安全的输入验证机制可以有效地防范这些安全威胁，保护系统免受恶意攻击的影响。

2. 加密

加密是保护敏感数据在传输和存储过程中的隐私和安全性的重要手段。在数据传输过程中，应使用安全协议（如 TLS/SSL）对数据进行加密，防止数据被窃听和篡改。在数据存储过程中，敏感数据应该使用强加密算法进行加密，确保即使数据泄漏，也能保证数据的机密性不被破坏。

3. 权限管理

权限管理是确保系统安全和数据访问控制的关键措施。通过实现细粒度的权限管理，可以确保用户只能访问其授权的资源和功能。这包括对用户角色和权限的精确定义、对访问控制列表（ACL）的管理，以及审计和监控对敏感数据和功能的访问。合理的权限管理能够降低系统被未授权用户访问或操作的风险，保障系统的安全性和完整性。

软件开发过程中的常见挑战与解决方案

一、技术方面的挑战

（一）系统复杂性

1. 挑战

轮机工程软件涉及多个子系统，如推进系统、动力系统、导航系统等，系统复杂性高，集成难度大。

2. 解决方案

在轮机工程软件开发中，模块化设计和清晰的架构设计是应对系统复杂性和集成难度的有效策略。通过将系统分解为独立模块，并采用明确的架构设计，开发团队能够提高开发效率、增强系统可维护性和可扩展性，从而确保高质量的软件交付。

模块化设计将一个庞大的系统分解为若干小模块，可以显著降低每个模块的复杂性。开发人员可以专注于特定功能的实现，而不必处理整个系统的复杂性。这种“分而治之”的方法使得开发过程更加清晰、有条理。由于各模块可以并行开发，模块化设计显著提高了开发效率。不同的团队可以同时工作在不同的模块上，从而缩短整体开发时间。同时，独立的模块测试可以更早发现并解决问题，避免问题在集成时才暴露出来。模块化设计还使得系统的维护变得更加容易，由于每个模块的功能和边界明确，定位和修复问题变得更加简单。此外，模块化设计便于对系统进行局部升级和优化，而不影响其他模块的正常运行。通过定义明确的接口和标准，各模块可以在不同项目中重复使用，这减少了重复开发的工作量，并确保了一致性。这样，不仅节省了时间和资源，还提高了代码的质量和可靠性。

清晰的架构设计强调各模块之间的接口和交互规范。明确的接口和规范确保了模块之间的无缝集成和协作，从而避免了由于接口不明确而导致的集成问题。微服务架构允许系统根据需求进行水平扩展。通过增加服务实例，可以应对负载的增加，而不必对整个系统进行大规模改造。这种高可扩展性特别适合处理复杂的轮机工程软件中的高并发需求。清晰的架构设计还提供了良好的容错性。在微服务架构中，单个服务的故障不会影响整个系统的运行。通过实现服务的自动化恢复和故障隔离，系统能够更好地应对不确定性和异常情况，保持高可用性。微服务架构还与持续交付和持续部署方法高度契合。由于各服务独立部署，开发团队可以更频繁地发布更新，而不会影响其他部分的稳定性。这种快速迭代的能力对于保持系统的竞争力和及时响应用户需求至关重要。

（二）实时性要求

1. 挑战

轮机工程软件需要实时响应，如实时监控和控制发动机参数。

2. 解决方案

在轮机工程软件开发中，使用 RTOS 和优化算法是确保系统能够在严格的时间限制内完成任务的关键策略。RTOS 通过强大的实时调度能力和资源管理，提高了系统的可靠性和稳定性；优化算法则通过提高计算效率和资源利用率，提高了系统的响应速度和性能。通过这两种技术的结合，开发团队能够构建出高性能、可靠和高效的轮机工程软件，满足复杂海洋环境中的高要求，从而为船舶的安全和高效运行提供坚实保障。

实时操作系统（RTOS）的核心优势在于其强大的实时调度能力。与传统操作系统不同，RTOS 能够确保关键任务在规定的时间内完成，从而满足系统的实时性要求。在轮机工程软件中，这种能力尤为重要。例如，在船舶推进系统的控制中，发动机的状态变化需要在毫秒级别内被检测和响应。RTOS 通过精确的任务调度和优先级管理，确保了这些关键任务能够按时执行，避免了由于延迟导致的系统故障或性能下降。由于 RTOS 能够有效管理系统资源，并避免任务之间的冲突和资源争用，使系统运行更加稳定和可预测。这对于轮机工程软件来说，意味着能够在恶劣的海上环境中保持高性能和高可靠性，从而确保船舶的安全运行。

优化算法也是提高系统响应速度和效率的关键。通过优化算法，开发团队可以显著提高系统的计算效率和资源利用率。例如，在导航系统中，路径规划和避障算法的效率会直接影响到船舶的航行安全和效率。通过优化算法，能够快速计算出最优航行路径，并实时调整以应对海洋环境的变化，从而提高系统的响应速度和决策能力。在动力系统的管理中，优化算法同样发挥着重要作用。例如，燃油消耗优化算法可以通过实时监测发动机状态和运行参数，动态调整燃油喷射和混合比，从而实现最佳燃油经济性。这不仅降低了运营成本，还减少了污染物排放，符合环保要求。

二、管理方面的挑战

（一）跨学科团队协作

1. 挑战

开发团队通常由软件工程师、机械工程师、电气工程师等不同学科的专家组成，协作难度大。

2. 解决方案

跨学科的培训是打破学科壁垒、提高团队整体知识水平的有效途径。通过培训，团队成员可以了解其他领域的基本知识，从而增强对项目整体的理解。例如，软件工程师可以通过培训了解机械工程和电气工程的基本概念，这有助于他们更好地理解轮机系统的需求和限制。同样，机械工程师和电气工程师也可以通过学习基本的编程和软件开发知识，更好地参与软件开发过程。这种跨学科的知识共享不仅可以提高团队的协作效率，还能促进创新。团队成员在理解其他领域的知识后，可以提出更具创造性的解决方案，从而提升项目的整体创新能力。有效的沟通机制是跨学科团队协作的另一个关键因素。定期的跨部门会议是促进团队成员之间交流的有效方式。在这些会议上，各部门的成员可以分享项目进展、讨论遇到的问题并提出解决方案。这种面对面的交流不仅可以及时解决问题，还能增强团队的凝聚力和信任感。通过定期会议，团队成员可以更好地了解项目的整体进展和各自的任务，从而减少误解和沟通障碍。

除了定期会议，使用协作工具也是促进团队成员交流的重要手段。现代项目管理工具如 Jira、Trello 和 Asana 等，可以帮助团队成员实时跟踪项目进度、任务分配和问题解决情况。这些工具不仅提高了项目管理的效率，还增强了团队的透明度和协作性。即时通信工具如 Slack 和 Microsoft Teams 也在促进团队成员日常交流方面发挥了重要作用。通过这些工具，团队成员可以随时随地进行沟通，并迅速解决问题和分享信息，从而提高了整体工作效率。建立有效的沟通机制还包括制定明确的沟通规范和流程。例如，在项目初期，团队可以制订沟通计划，明确各类会议的频率和参与者，规定信息共享的方式和时间。这些规范和流程可以帮助团队成员形成良好的沟通习惯，确保信息流通的及时性和准确性。此外，团队领导者在沟通中也扮演着重要角色。他们需要积极引导和促进团队成员之间的交流，及时反馈和解决沟通中出现的问题，从而维护良好的沟通环境。

（二）项目管理

1. 挑战

复杂项目的管理难度大，涉及任务分配、进度跟踪、质量控制等多个方面。

2. 解决方案

在现代软件开发过程中，特别是面对复杂项目时，采用敏捷方法如 Scrum 和 Kanban，以及使用项目管理工具如 Jira 和 Trello，是实现高效项目管理和灵活应对变化的关键策略。通过这些方法和工具，开发团队能够更好地分阶段管理项目、实时跟踪进度、协调任务分配，从而提高项目的成功率和交付质量。

（1）敏捷方法

它是一种以迭代和增量方式进行项目管理和软件开发的策略。Scrum 和 Kanban 是其中两种广泛应用的方法，它们各有特点和优势。Scrum 方法强调在固定的短周期内（通常为两到四周）完成可交付的工作成果，这些短周期称为"冲刺"。在每次冲刺开始时，团队会进行计划会议，确定该冲刺的目标和任务。在冲刺结束时，团队会进行回顾会议，评估完成情况并提出改进建议。这种迭代式的工作方式使团队能够不断调整和优化开发过程，从而快速响应客户需求和市场变化。

（2）Kanban 方法

它通过可视化工具来管理和跟踪任务的进展。看板通常分为多个列，如"待办事项""进行中"和"已完成"，每个任务以卡片的形式在这些列之间移动。团队成员可以直观地看到任务的状态和进展，从而更有效地分配和协调工作。Kanban 强调持续改进和灵活应对，通过限制在制品（WIP）数量，避免过载，提高工作效率和质量。

为了实现敏捷方法的高效应用，项目管理工具如 Jira 和 Trello 在其中扮演着至关重要的角色。这些工具提供了强大的功能，帮助团队实时跟踪项目进度、协调任务分配和进行有效的沟通。Jira 是一个功能强大的项目管理工具，特别适合于复杂和大型项目。它支持 Scrum 和 Kanban 方法，提供了丰富的功能，如任务管理、进度跟踪、报告生成和自动化工作流等。通过 Jira，团队可以详细记录每个任务的状态、优先级和截止日期，并生成各种报告和图表，实时了解项目的整体进展和潜在问题。Trello 则是一款更加轻量级和直观的项目管理工具，非常适合小型团队和简单项目。它基于看板的概念，提供了直观的界面，用户可以通过拖拽卡片来管理任务。Trello 的灵活性使其能够适应各种工作流程和项目需求，团队成员可以轻松地添加、分配和跟踪任务，确保每个人都了解自己的职责和任务进展。

采用敏捷方法和项目管理工具的结合，为团队提供了强大的支持和灵活性。在实际应用中，Scrum 的迭代式开发和回顾机制，使团队能够不断优化工作流程，快速响应变化；Kanban 的可视化管理和限制 WIP 数量，则可以帮助团队更好地平衡工作负荷，提高效率和质量。Jira 和 Trello 等项目管理工具，通过实时跟踪和直观展示任务状态，使团队能够高效协作和沟通，及时发现和解决问题。在一个复杂的软件开发项目中，这些方法和工具的应用为开发者带来了显著的好处，使团队能够更清晰地了解项目的整体进展和每个阶段的具体任务，避免了传统项目管理方法中的信息不对称和沟通不畅。同时，灵活的敏捷方法和强大的工具支持，使团队能够快速调整计划和策略，应对不断变化的客户需求和市场环境，从而确保项目按时交付并达到高质量标准。

三、其他因素

（一）客户期望管理

1. 挑战

客户对软件功能和性能的期望高，且可能不断变化。

2. 解决方案

在项目初期明确需求是成功的第一步。需求明确是所有开发活动的基础，只有清晰准确地理解客户的需求，开发团队才能制订合理的开发计划和设计方案。在这个阶段，团队应与客户深入沟通，详细了解项目的目标、功能需求和性能要求。通过需求分析会议，团队可以收集和整理所有相关信息，并形成详细的需求文档。这份文档不仅包括功能需求，还应涵盖非功能需求、业务流程和用户期望等方面。需求文档作为项目的蓝图，指导着后续的开发工作，并且在整个开发过程中起到重要的参考作用。

需求文档的建立只是需求管理的第一步。随着项目的推进，需求可能会发生变更，因此有效的需求跟踪至关重要。使用项目管理工具如 Jira，团队可以实时跟踪需求的状态和变更情况。Jira 提供了强大的需求管理功能，可以记录每个需求的详细信息，包括优先级、负责人员和完成进度等。通过需求跟踪，团队可以确保所有需求都得到妥善管理，并及时识别和应对需求变更，避免遗漏和错误。此外，Jira 的可视化看板和报告功能，可以帮助团队直观地了解需求的整体状态和进展情况，从而更好地协调工作和资源。保持与客户的定期沟通，是确保项目按客户期望顺利进行的关键。通过定期的沟通会议，开发团队可以与客户分享项目的最新进展，展示阶段性成果，并及时获取反馈。这种双向沟通不仅可以增强客户的参与感和信任感，还能帮助团队及时发现和解决问题。在每次会议中，团队可以展示已完成的工作，解释下一步的计划，并邀请客户提出意见和建议。客户的反馈对于项目的成功至关重要，它可以帮助团队在早期阶段发现潜在的问题，并根据客户的期望进行调整。

阶段性成果展示是与客户沟通的重要环节。通过展示已经完成的部分功能，团队可以让客户直观地看到项目的进展和成果。这不仅可以增强客户的信心，还能提供一个具体的基础，让客户更准确地表达他们的需求和期望。阶段性展示通常包括产品的演示、功能测试和用户体验评估等环节。通过这些展示，团队可以获得客户的及时反馈，并根据反馈进行相应的调整和优化。及时获取反馈并调整开发计划，是确保项目成功的动态管理方法。客户的需求和市场环境可能会在项目过程中发生变化，团队需要灵活应对这些变化。通过定期的沟通和反馈机制，团队可以迅速响应客户的需求并进行调整，更新开发计划，确保项目始终朝着正确的方向前进。及时的调整不仅可以提高项目的灵活性和适应性，还能避免由于需求偏离导致的重大返工和资源浪费。

（二）安全性

1. 挑战

船舶系统涉及重大安全问题，软件安全性要求极高。

2. 解决方案

遵循安全编码标准是确保代码安全的基础。安全编码标准是一系列的最佳实践和指南，旨在帮助开发人员编写安全、可靠的代码。例如，常见的安全编码标准包括 OWASP（开放式 Web 应用程序安全项目）的十大安全风险列表和 CERT 的编码标准。通过遵循这些标准，开发人员可以避免常见的安全漏洞，如 SQL 注入、跨站脚本攻击（XSS）和缓冲区溢出等。在编码过程中，开发人员需要特别注意输入验证、数据加密、错误处理和访问控制等方面的安全措施，确保每一行代码都符合安全要求。定期进行代码审查，可以及时发现和修复潜在的安全问题。代码审查通常由经验丰富的开发人员或专门的安全专家进行，他们通过仔细检查代码，识别出可能存在的安全漏洞和不规范的编码实践。代码审查不仅可以提高代码的质量和安全性，还可以促进团队成员之间的知识分享和技能提升。通过相互学习和交流，团队可以不断优化和改进编码实践，形成良好的安全编码文化。

遵循安全编码标准和进行代码审查只是基础，全面的安全测试才是确保系统能够抵御各种攻击的关键步骤。安全测试包括静态代码分析、动态分析、渗透测试和安全审计等多个方面。静态代码分析通过自动化工具扫描代码，识别出潜在的安全问题和漏洞。这种方法可以在开发的早期阶段发现问题，减少修复成本。动态分析则在软件运行时进行，通过模拟实际使用环境，测试系统在各种条件下的安全性能。

渗透测试是安全测试的重要组成部分，它通过模拟真实的攻击行为，测试系统的防御能力。渗透测试通常由专业的安全团队或第三方安全公司进行，他们使用各种攻击手段，尝试入侵系统，发现和利用潜在的安全漏洞。渗透测试的目的是评估系统的实际安全性，找出可能被攻击者利用的弱点，并提出改进建议。通过定期进行渗透测试，开发团队可以及时了解系统的安全状况，从而采取相应的措施，增强系统的防御能力。安全审计是对系统进行全面和系统的检查，确保所有安全措施和政策都得到有效执行。安全审计通常包括对系统配置、网络架构、访问控制和日志记录等方面的检查。通过安全审计，团队可以全面评估系统的安全状况，发现潜在的风险和漏洞，并提出改进建议。安全审计的结果为系统的持续改进提供了重要依据，有助于建立和维护高水平的安全管理体系。

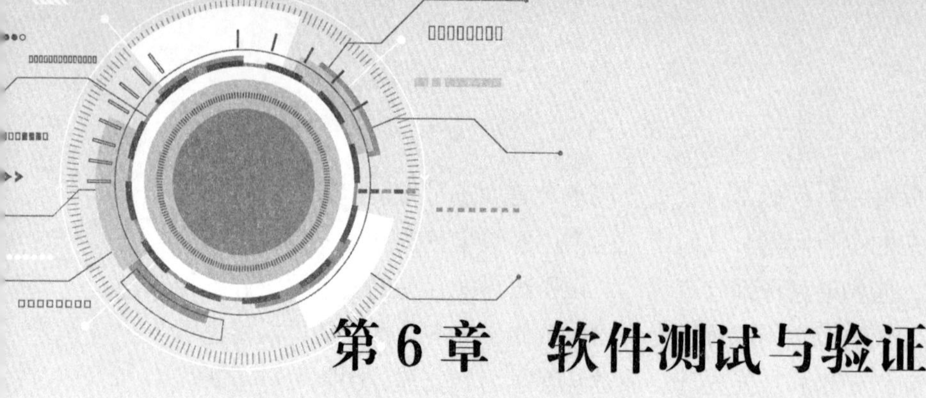

第 6 章　软件测试与验证

软件测试方法与技术在轮机工程中的应用

一、功能测试

（一）输入输出验证

确保系统能够正确处理各种输入数据并产生预期的输出结果是至关重要的。特别是对于船舶控制系统，验证其对操纵指令的响应是否符合设计要求，是保障船舶安全和操作精确性的关键。输入输出验证的核心在于确认系统在接收到各种输入数据后，是否能够按照预定逻辑正确处理并输出相应的结果。对于船舶控制系统来说，这意味着系统需要准确响应来自船员或自动化系统的操纵指令，并及时反馈系统状态。例如，当船员输入转舵命令时，控制系统必须迅速计算出相应的舵角，并驱动舵机实现这一操作，同时反馈当前的舵角状态给操作人员。

（二）边界条件测试

测试软件在极端输入条件下的行为是确保系统稳定性和可靠性的关键步骤。极端输入条件可能包括最大负载、最大速度等，这些条件可以涵盖各种不同的操作情况，如不同负载和航速组合下的系统行为。极端输入条件测试能够帮助工程师识别系统在高应力环境下的性能表现，确保系统在任何情况下都能安全稳定地运行。这些测试不仅能验证系统的设计极限，还能揭示潜在的缺陷和薄弱环节，从而为系统优化提供依据。

（三）异常路径测试

验证系统在异常情况下的恢复能力和正确性是确保系统整体稳定性和安全性的重要环节。异常情况可能包括传感器故障、网络断开、硬件失效等。通过测试这些异常情况下的系统响应和恢复策略，能够提前发现潜在问题，并改进系统的鲁棒性和应急处理能力。异常路径测试旨在评估系统在遭遇异常情况时的表现，确保其能够及时发现问题、采取有效措施并迅速恢复正常运行。这对于轮机工程中的船舶控制系统、发动机管理系统等至关重要，因为任何故障或延迟都可能导致严重后果。

二、性能测试

（一）负载测试

测试系统在不同负载下的响应时间和性能表现是评估其可靠性和稳定性的重要步骤。通过模拟船舶在高负载时的控制系统响应速度，可以深入了解系统在各种运行条件下的表现，确保其能够在实际操作中有效应对不同负载条件。

1. 测试准备

确保系统在不同负载条件下的性能和稳定性至关重要。负载条件可以是系统在各种工作状态下的运行情况，如低负载、中负载和高负载，这涵盖了发动机功率输出、燃油消耗率以及冷却系统负荷等多个方面。这些条件的准确定义对于评估系统的安全性、可靠性和效率至关重要。在测试之前，收集相关数据是非常关键的步骤。这些数据包括船舶的航速、发动机转速、温度、压力等基础指标。通过对这些数据的收集和分析，可以更好地理解系统在不同负载条件下的工作情况，为后续测试的准备和分析提供基础。为了模拟不同负载条件下的系统运行情况，工程团队通常会选择适当的仿真工具。这些工具能够精确地模拟发动机的运行特性、燃料消耗率以及冷却系统效率等关键参数的变化。通过仿真工具，可以在虚拟环境中进行系统性能评估，并预测可能出现的问题，从而优化系统设计和运行策略。除了仿真工具外，如果进行实际操作测试，则需要确保测试设备和传感器能够在不同负载条件下正常运行，并能够准确记录系统的响应数据。这可能需要安装和校准传感器，以确保测试数据的准确性和可靠性。通过实际操作测试，可以验证仿真模型的准确性，并更真实地模拟系统在实际工作环境中的表现。

2. 执行测试

（1）低负载测试阶段

在这个阶段，测试旨在模拟船舶低速航行的情况，即发动机功率和燃油消耗相对较低的状态。通过仿真工具或实际操作，系统被设置在低负载条件下运行，例如控制发动机在低功率输出下的运转以及燃油的节约使用。关键的系统参数，如响应时间、输出功率和燃油效率，会被详细记录和分析。特别关注的是控制系统接收到指令后的响应速度，确保系统能够在低负载情况下依然保持高效和稳定。

（2）中负载测试阶段

在这一阶段，负载逐步增加，系统被设置在正常巡航速度下的中负载条件。测试过程中，发动机功率和燃油消耗都相应增加，以模拟系统在实际运行中的典型工作负荷。同样，系统的响应时间、输出功率和燃油效率等关键参数被密切监测和记录。重点关注控制系统在中等负载下的稳定性和性能表现，要确保系统在常规操作条件下能够保持高水平的运行效率。

（3）高负载测试阶段

在这一阶段，系统被设置在高负载条件下，模拟高速航行或满载情况下的工作状态。发动机功率和燃油消耗均达到最大或接近最大水平，系统需要能够有效应对高负载带来的挑战。监测系统在高负载条件下的响应速度、输出功率和燃油效率等参数，以确保控制系统在极限工作状态下依然能够稳定运行，并能够快速响应操作指令。

通过这三个阶段的全面测试，轮机工程团队可以全面评估系统在不同负载条件下的性能和稳定性。这些测试不仅有助于发现系统在操作过程中可能出现的问题，还能够为系统的优化和改进提供实验数据和操作指南。确保轮机系统在各种负载条件下都能够安全、高效地运行，从而保障船舶的可靠性和持续运行能力。

3. 数据分析

响应时间分析。响应时间是衡量系统对操作指令的快速响应能力的关键指标之一。在测试过程中，收集并整理了在低、中、高负载条件下记录的响应时间数据。通过计算平均响应时间，可以清楚地了解系统在不同负载条件下的响应效率。比较分析不同负载条件下的响应时间变化趋势，例如在高负载条件下是否出现显著增加的响应时间，可以帮助工程团队识别和解决潜在的性能“瓶颈”，确保系统在高负载时仍能保持快速响应的能力。

性能表现分析。性能指标包括输出功率、燃油效率、温度和压力等关键参数，直接影响到船舶的运行效率和经济性。在不同负载条件下，系统的性能指标可能会有所不同。通过评估系统在低、中、高负载条件下的输出功率和燃油效率变化，可以帮助确定系统在不同工作负荷下的实际效率。稳定性分析则关注系统在各负载条件下的运行稳定性，包括是否出现异常波动或不稳定的情况。

这些分析不仅有助于发现系统运行中的潜在问题，还能够为优化和改进提供数据支持，确保系统在各种负载条件下都能保持稳定和可靠的运行状态。

（二）压力测试

通过逐渐增加系统负载来测试其在极限条件下的性能和稳定性是确保系统可靠性和耐久性的关键步骤。特别是对于发动机控制系统，在极端温度或高湿度环境下的运行表现更需要重点验证。测试的目的是评估系统在逐渐增加负载到极限条件下的性能表现和稳定性，尤其是模拟发动机控制系统在极端温度和高湿度环境下的运行情况。这可以帮助识别系统的“瓶颈”和潜在故障点，以确保其在实际操作中的可靠性和安全性。

1. 测试准备

数据采集和准备阶段。在测试前，必须明确定义系统所需的极限条件，这包括最高负载、极端温度（如高温和低温）以及高湿度环境。基于这些条件，需要采集与不同负载和环境条件相关的基础数据。例如，收集发动机在不同负载下的功率输出和燃油消耗率，以及冷却系统在极端温度条件下的效率数据。同时，记录环境参数如温度和湿度的变化情况，这些数据将为后续的仿真和实际操作测试奠定基础。

设置测试环境。选择适当的仿真工具至关重要，这些工具能够模拟不同负载条件和环境变化，确保仿真过程能够精确地反映实际操作中可能遇到的各种极限情况。如果进行实际操作测试，必须确保测试设备和传感器能够安全地运行在极端温度和高湿度条件下，并准确记录系统响应数据。这需要做充分的硬件准备工作，以保证测试的真实性和可靠性。综合考虑这些准备工作，轮机工程团队可以进行系统在极限条件下的综合测试。这包括通过仿真工具或实际操作，逐步将系统置于最高负载、极端温度和高湿度环境下，监测和记录系统的关键参数和性能表现。在测试过程中，特别关注系统的响应速度、稳定性以及关键部件的运行状况，评估系统是否能够在极限条件下保持安全、高效的运行状态。

通过数据的全面采集和详细的测试环境设置，轮机工程团队能够有效评估和优化系统的设计和操作，提升系统在各种极端工作环境下的适应能力和稳定性。这种全面的测试方法不仅能够提高系统的可靠性，还能够确保船舶在面对极端天气和运行条件时仍能安全顺畅地运行，为航海安全和船员的人身安全提供有力保障。

2. 执行测试

（1）逐渐增加负载的测试

这一过程从初始负载开始，通过仿真工具或实际操作，逐步将系统加载到初始负载水平。随后，系统负载逐步增加，例如每次增加 10% 至 20%，并记录系统在每个负载阶段的响应时间、输出功率、燃油效率、温度、压力等关键参数。在每个负载阶段，都需要实时监测系统的反应，特别关注控制系统的响应速度和稳定性。这种方法能够帮助评估系统在逐渐增加负载下的性能表现，并发现可能的性能瓶颈或不足。

（2）极端温度测试

在这一测试中，通过环境控制设备或仿真工具，将系统置于极端温度条件下，如高温（例如 60°C）和低温（例如 −20°C）。在设定好温度条件后，逐步增加系统负载，并记录系统在每个负载阶段的性能指标和稳定性。特别需要关注温度对控制系统响应速度和稳定性的影响，这对于船舶在极端气候条件下的运行至关重要。

（3）高湿度测试

通过环境控制设备或仿真工具，将系统置于高湿度条件下，例如设定在 90% 的相对湿度。在高湿度环境下，逐步增加系统负载，并记录系统在每个负载阶段的性能指标和稳定性。同样需要特别关注湿度对控制系统响应速度和稳定性的影响，以评估系统在潮湿环境下的运行表现。

通过上述测试方法，轮机工程团队能够全面评估系统在极限负载、极端温度和高湿度条件下的适应能力和稳定性。这种综合的测试方法有助于发现潜在的系统弱点，并采取相应的优化措施，从而确保船舶轮机系统在各种极端环境条件下的安全可靠运行，为航海安全提供重要保障。

3. 数据分析

轮机系统的性能评估涉及多个关键指标，其中包括响应时间、输出功率、燃油效率以及温度和压力等环境参数。响应时间是衡量系统处理指令速度的重要指标，我们通过记录和分析不同负载和环境条件下的响应时间数据，以评估系统在操作效率和实时响应能力方面的表现。这种分析不仅帮助我们理解系统在低、中、高负载情况下的处理速度差异，还能为优化系统响应性能提供数据支持。

性能指标评估也涉及输出功率和燃油效率等关键参数。我们通过逐步增加系统负载到极限条件，记录并分析这些指标的变化，从而评估系统在高负载环境下的运行能力和资源利用效率。特别是在极端温度和高湿度环境中，系统的燃油消耗率和功率输出是否稳定，对船舶运行的影响尤为重要。稳定性分析是确保系统长期安全运行的关键步骤。我们不仅要关注系统在极限负载和环境条件下是否会出现故障，还要评估其在这些条件下的持续稳定性。通过监测系统在不同操作条件下的波动和异常现象，我们可以及时发现潜在的系统脆弱性，并采取预防措施以防止未来可能发生的运行问题。

三、安全性测试

（一）认证和授权测试

验证系统对不同用户角色的认证和授权机制是确保系统安全性和操作规范性的重要步骤。通过严格的认证和授权机制，能够确保只有授权人员才能访问系统的关键功能，从而防止未经授权的操作和潜在的安全风险。以下是具体测试过程和方法的详细描述。测试的目的是验证系统对不同用户角色的认证和授权机制，确保各级用户只能访问其权限范围内的功能，从而保证系统的安全性和操作的规范性。

1. 测试准备

在系统开发过程中，首先需要明确系统中的不同用户角色及其权限范围。这些角色可能包括系统管理员、工程师、操作员和访客等。每个角色都有不同的职责和操作需求，因此需要制定详细的权限矩阵，明确列出每个角色可以访问和执行的功能和数据。例如，系统管理员可能拥有最高的权限，可以访问和修改所有系统设置；工程师则可以访问和操作某些关键功能，而操作员则仅能执行基本的操作。

在设置测试环境时，首先要在测试系统中创建各种用户角色的账户，并确保每个账户的权限配置符合事先定义的权限矩阵。这确保了在测试过程中能够模拟真实的用户行为，并验证系统在各种权限配置下的表现和安全性。选择适当的测试工具和方法也是非常重要的。这些工具应能够模拟不同用户角色的操作，记录系统对不同权限请求的响应情况，并能够准确地评估权限控制机制的有效性和稳定性。通过这些测试工具，可以全面地评估系统在多用户环境下的安全性和功能性，发现潜在的权限管理问题，并及时进行修复和优化。

2. 执行测试

认证测试是确保系统能够正确验证用户身份的关键测试步骤。在进行认证测试时，首先要逐一测试不同用户角色的登录过程。例如，输入正确的用户名和密码后，系统应该允许用户登录；而输入错误的用户名或密码时，系统应该拒绝登录并给出相应的错误提示。其次，如果系统支持多因素认证（如短信验证码、电子邮件验证等），还需要验证每个用户角色的多因素认证过程，以确保其安全性和可靠性。

授权测试则着重于验证系统在登录后对用户权限的正确控制和管理。通过登录不同用户角色的账户，可以逐一测试其权限范围内的功能访问。例如，登录管理员账户后，尝试访问和修改系统设置；登录工程师账户后，尝试操作关键功能；登录操作员账户后，则验证执行基本操作的权限。此外，授权测试还包括越权操作测试，即尝试使用低权限账户访问高权限功能，以验证系统是否能够正确拒绝越权操作并给出相应的提示信息。

边界条件测试则涉及系统在极端情况下的表现和响应能力。会话管理是其中重要的一部分，测试系统在不同用户角色登录后的会话管理机制。例如，系统是否能够在一定时间内未操作后自动注销会话，是否能够正确处理多个同时登录的会话等情况。此外，边界条件测试还包括验证系统在异常情况下的权限控制机制，如在网络中断、系统重启等情况下，系统是否仍能正确管理和保护用户权限。

通过认证测试、授权测试和边界条件测试，可以全面评估系统在多用户环境下的安全性、功能性和稳定性表现。这些测试不仅有助于发现和修复潜在的安全漏洞和权限问题，还能够为系统的最终部署和上线提供必要的技术支持和保障，从而确保系统能够安全、稳定地运行并满足用户的实际需求。

3. 数据分析

在进行认证数据分析时，首先要统计不同用户角色的认证成功率和失败率，以评估系统的认证机制是否可靠。例如，管理员、工程师、操作员和访客各自的认证成功率是多少，这可以通过分析登录日志和认证记录来得出。高成功率和低失败率通常表明认证系统在正常操作条件下运行良好，能够有效验证用户的身份。对于系统是否支持多因素认证，需要评估多因素认证过程的安全性和用户体验。多因素认证可以提高系统的安全性，如通过短信验证码、电子邮件验证等方式。应分析这些过程是否能够顺利完成认证，并且不影响用户的正常操作，是确保系统安全性的重要方面。

授权数据分析则侧重于评估系统对不同用户角色的权限控制准确性。这包括确保每个用户角色只能访问其权限范围内的功能和数据。例如，管理员应该能够访问和修改所有系统设置，而操作员则只能执行基本操作，不能访问敏感设置。评估权限控制准确性可以通过系统的权限管理记录和访问日志进行分析。授权数据分析还需要统计越权操作的尝试和成功率，以评估系统的防护措施是否有效。越权操作是指低权限用户试图访问高权限功能的行为，系统应该能够有效拒绝这些尝试并记录相关信息。分析越权操作的统计数据可以帮助识别和修复系统中的潜在安全漏洞。

通过认证数据分析和授权数据分析，可以全面评估系统在多用户角色环境下的安全性和功能性表现。这些分析不仅有助于发现和修复潜在的安全问题，还能够为系统提供必要的优化和改进建议，以确保系统在实际运行中能够安全、稳定地运行，并有效地保护用户数据和系统资源。

（二）漏洞扫描和渗透测试

检测系统中的潜在漏洞和弱点，并模拟实际攻击来评估系统的安全性，是确保系统防护能力和可靠性的重要步骤。通过这种测试，可以提前发现并修复潜在安全问题，防止恶意攻击对系统造成危害。

1. 测试准备

确保明确的测试范围和目标是成功的关键。首先，定义测试范围是指明需要测试的系统模块和功能，以确保全面覆盖可能存在安全风险的区域。例如，可以包括发动机控制系统、通信网络、安全控制系统等核心组件。其次，确定测试目标是设定测试的主要目标和期望的测试结果，有助于指导测试活动的进行。主要目标可以包括发现系统漏洞、评估系统的防御能力、模拟实际攻击等，这些目标将直接影响测试方法的选择和实施方式。

在收集相关信息阶段，首先需要收集系统的详细信息，包括系统架构、网络拓扑、关键组件和软件版本等。这些信息有助于理解系统的基本结构和可能存在的安全风险点。同时，参考相关的安全规范和标准，如 ISO/IEC 27001、NIST SP 800−53 等，确保测试方法符合行业标准，提升测试的专业性和有效性。在设置测试环境方面，建议在隔离的测试环境中搭建与实际系统相同或类似的测试环境。这样做可以确保测试活动不会对实际运行中的系统造成影响或风险。其次，准备适当的工具也是至关重要的，包括漏洞扫描工具、渗透测试工具和网络分析工具等。例如，常用的工具包括 Nmap 用于网络扫描、

Metasploit 用于渗透测试、Wireshark 用于网络数据包分析等，这些工具能够帮助发现系统中的安全漏洞和弱点。

2. 执行漏洞检测

漏洞扫描通过自动化工具如 Nessus 或 OpenVAS，对系统进行广泛的扫描和检测。这些工具能够快速识别系统中存在的已知漏洞，包括操作系统、网络服务和应用程序层面的安全问题。通过全面扫描，漏洞扫描工具能够提供详细的报告，列出每个漏洞的严重程度和建议的修复措施，从而帮助管理员和安全团队及时采取必要的措施防范潜在威胁。手动检测则补充了自动化扫描的不足。手动分析系统的配置文件、代码和日志，能够发现那些依赖于具体环境和业务逻辑的潜在漏洞。这种方式不仅是简单的技术审查，更是深入理解系统运行机制和安全风险的过程。通过手动检测，安全团队能够发现自动化工具可能忽略的隐蔽漏洞，从而更全面地评估系统的安全性。

在漏洞扫描的基础上，弱点分析进一步对发现的漏洞进行分类和评估。漏洞通常被分为不同的类别，如网络层漏洞、应用层漏洞和配置问题等。针对每个漏洞，安全团队使用诸如 CVSS 等评分系统进行风险评估，确定其可能对系统安全性和业务运行的影响程度。这种精细化的评估过程能帮助决策者和技术人员优先处理高风险漏洞，以最大限度地保护系统不受攻击和数据泄漏的威胁。

3. 模拟实际攻击

渗透测试是一种系统化的测试方法，旨在模拟真实的攻击场景，评估系统的安全性和弱点。其主要分为两种类型：白盒测试和黑盒测试。白盒测试基于对系统内部结构和代码的详尽了解，模拟内部人员的攻击行为。这种测试方式允许安全团队深入分析系统的每个组成部分，发现可能存在的安全漏洞和配置错误。例如，通过已知的漏洞和系统弱点，测试团队可以模拟内部人员如何利用特权访问点入侵系统，或者通过系统的配置错误进行攻击。白盒测试的优势在于能够提供深入的安全审计和详细的修复建议，帮助组织有效强化系统的安全防护措施。相对而言，黑盒测试则更像是从外部攻击者的角度出发，进行系统渗透测试。在这种情况下，渗透测试团队对系统的内部结构和代码一无所知，模拟外部恶意攻击者的攻击手段和策略。例如，测试团队可能会利用互联网公开的网络接口，使用已知的漏洞和攻击技术，如 SQL 注入、跨站脚本攻击（XSS）等，以获取系统的敏感信息或者控制权限。

黑盒测试能够有效地检验系统在面对外部威胁时的防御能力和安全性，发现并修复系统的漏洞和弱点，从而提升系统的整体安全性。

除了技术层面的渗透测试，社会工程学攻击也是评估系统安全性的重要组成部分。社会工程学攻击利用人类的社会工程技术，通过各种方式诱导或欺骗个人及员工，以获取系统的访问权限或敏感信息。

钓鱼攻击是社会工程学攻击中的一种常见形式，通过发送虚假的电子邮件、短信或社交媒体消息，诱骗用户点击恶意链接、下载恶意附件或者提供个人敏感信息。攻击者可能伪装成信任的来源，如银行、社交平台或公司内部人员，以获取用户的登录凭证、财务信息或其他敏感数据。通过模拟钓鱼攻击，安全团队可以评估员工的安全意识和对社会工程攻击的抵抗能力，进而加强对员工的安全培训和防范措施。社交工程攻击则通过电话、面对面交谈等直接的社交方式，试图欺骗个人或员工透露敏感信息或执行特定操作。攻击者可能会伪装成知情人员、技术支持人员或客户服务代表，以获取系统的敏感信息或者通过社会工程技术进入系统。通过社交工程攻击的模拟，安全团队可以评估组织内部人员对外部请求的响应和反应，进而制定有效的安全策略和提升培训，减少因社交工程技术而导致的安全风险。

4. 数据分析

（1）漏洞分析

漏洞分析是识别和理解系统潜在漏洞的过程，它涉及评估每个漏洞可能对系统安全性造成的影响，并确定修复的优先级。在进行漏洞影响分析时，安全团队会仔细审查每个漏洞的特性和潜在后果。例如，一个存在权限提升的漏洞可能使攻击者获取系统管理员权限，从而对系统进行未授权的访问和操作。另一个可能的漏洞是远程执行代码漏洞，攻击者可以利用此漏洞在远程位置执行恶意代码，从而完全控制系统或者导致系统崩溃。通过深入分析漏洞的影响，安全团队能够为修复漏洞制订出明确的策略和计划。修复优先级的确定基于漏洞的严重程度、影响范围以及可能的攻击复杂性。高风险和高影响的漏洞通常被放在修复优先级的首位，以最大限度地降低系统被攻击的风险。例如，一个影响广泛且易受攻击的漏洞可能会被紧急修复，以防止潜在的数据泄漏或服务中断。

（2）攻击模拟结果分析

攻击模拟是通过模拟真实攻击者的行为来评估系统在面对外部攻击时的

防御能力。这种测试可以分为白盒测试和黑盒测试两种类型，各有其独特的方法和优势。在攻击模拟过程中，安全团队首先分析可能的攻击路径和攻击方法。通过分析攻击者可能利用的漏洞和系统弱点，评估系统在面对这些攻击路径时的防御能力。例如，模拟攻击者如何通过网络接口或应用程序漏洞进入系统内部，以获取敏感数据或者执行未授权的操作。防御效果评估是攻击模拟的核心目标之一，它通过实际模拟攻击来评估系统的安全措施是否有效。安全团队会检查和评估防火墙、入侵检测系统、安全补丁管理等安全设施的响应和效果。例如，检查防火墙是否能够准确识别和阻止恶意流量，入侵检测系统是否能够及时检测到潜在的攻击行为并发出警报。

轮机软件验证与质量保证策略

轮机软件验证与质量保证策略是确保船舶或其他海洋设备上轮机系统软件质量和安全性的关键方案。轮机系统在船舶上承担着关键的动力和控制功能，因此其软件必须经过严格的验证和质量保证流程，以确保其可靠性和性能。

一、需求分析和规格定义

需求分析和规格定义是轮机软件验证与质量保证的首要步骤，它直接影响着软件开发的方向和最终产品的质量。在轮机系统软件开发之初，确保对需求和规格的清晰理解至关重要。需求分析阶段涉及与各方（包括船舶设计师、船员和技术专家）的深入沟通，以收集并理解轮机系统的功能需求。这些需求必须具体明确，以便确保软件开发团队理解并能够准确地转化为软件功能。规格定义是将收集到的需求转化为可执行的技术规格和设计文档的过程。这些规格文件应该包括详细描述轮机软件的功能、性能要求、接口规范以及与船舶其他系统的集成需求。它们还应该包括对非功能性需求（如安全性、可靠性、可维护性）的详细描述，这些需求直接影响软件的设计和实现方式。

在需求分析和规格定义阶段，关键的实践包括以下方面：

（一）详细记录和确认需求

在软件开发的早期阶段，准确记录和确认每一个功能点和操作需求至关重要。这些需求应该详细描述功能、性能和非功能性特征，避免后续的需求误解或遗漏。通过清晰的需求文档，可以帮助开发团队准确理解项目目标，并为后续的设计和开发工作提供明确的方向。

（二）与所有利益相关者的沟通

积极的沟通与船舶设计师、船员和技术专家之间是确保需求理解一致性和完整性的关键。利益相关者通常有不同的视角和需求，他们的反馈和意见能够帮助团队更好地理解系统的真实需求。通过定期会议、讨论和反馈循环，可以确保所有相关方对软件系统的需求有清晰的共识。

（三）制定可验证的规格

规格文件必须具备可验证性，即能够通过测试和评审来验证其是否符合预期的功能和性能要求。这意味着规格文件应该包含明确的标准和指标，以便开发团队和测试团队能够根据这些标准进行验证和评估。这种方法有助于减少歧义和主观性，从而提高开发过程中的透明度和可预测性。

（四）考虑未来的扩展性和变更性

在制定规格时，应考虑系统未来的扩展性和变更性需求。技术和业务环境可能会发生变化，新的需求和技术进展可能会影响到系统的设计和功能。为了应对这些变化，规格文件应该预留足够的灵活性和可扩展性，以便能够在不影响系统稳定性的情况下进行系统的扩展和更新。

二、设计评审和验证

设计评审和验证是轮机软件验证与质量保证过程中至关重要的阶段，它能确保轮机软件的设计方案符合高质量和安全性的要求，同时满足船舶设备的特定需求和行业标准。在设计评审阶段，主要的目标是通过详尽的审查和验证来确保软件的整体设计方案是合理的、可行的，并且能够满足项目的技术和功能性需求。

（一）架构设计审查

设计评审应专注于审查轮机软件的整体架构设计。这包括系统的分层结构，即将系统划分为不同层次的模块或组件，以便于管理和维护。分层结构能够有效地管理软件的复杂性，确保各个功能模块的独立性和互操作性。模块化设计是设计评审的关键点之一。模块化设计将系统分解为相互独立且可复用的模块，每个模块负责特定的功能或任务。评审团队应确保每个模块的职责清晰，并且模块之间的接口设计良好，以确保系统的可靠性和稳定性。

在设计评审过程中，还需要审查数据流和控制流程。数据流涉及数据在系统内部和外部之间的传输和处理，评审团队需要确保数据流的完整性和安全性。控制流程则涉及系统中各个功能模块之间的交互和流程控制，评审团队应确保控制流程的逻辑正确性和有效性。设计评审还应关注软件架构是否能够支持系统的预期功能和性能。评审团队需要对系统的功能需求和性能指标进行验证，确保设计方案能够满足这些需求，并在实际运行中表现出良好的性能。评审团队还需评估软件架构是否具备足够的扩展性和灵活性。且随着技术的进步和需求的变化，系统可能需要进行扩展或调整。因此，设计评审应确保软件架构能够轻松地应对未来的需求变更和技术进展，而不影响系统的稳定性和功能完整性。

（二）界面设计和交互评估

用户界面（UI）设计在轮机软件中至关重要。船舶操作的环境通常复杂且要求高效。因此，UI 设计应考虑到用户操作的直觉和操作船舶设备的特定需求。界面应该简洁明了，符合用户习惯，并能够有效地传达关键信息。例如，采用直观的图形化表示，清晰的标签和指示，以帮助船员迅速理解和操作系统。审查过程需要确保 UI 设计符合行业标准和船舶设备操作的实际需求，才能最大化提高操作效率和安全性。

模块间接口设计是确保系统各模块能够有效交换数据和通信的关键。良好的接口设计应确保模块之间的数据传输准确、安全，并且能够高效地进行。这包括定义清晰的接口协议、数据格式和通信协议，以确保数据传输的完整性和一致性。审查过程需要评估接口设计是否满足系统的功能需求和性能指标，同时是否能够支持未来系统的扩展和更新。通过审查软件系统的 UI 设计和接口设计，开发团队能够识别和解决设计阶段可能存在的问题和潜在风险，确保最终交付的轮机软件系统能够在实际船舶操作中表现出色，从而提高操作效率和安全性。

（三）算法和逻辑选择审查

对使用的关键算法和逻辑进行评审是确保软件系统稳定性和性能优越性的重要环节。这些算法和逻辑直接决定了系统的数据处理、决策逻辑和操作结果，因此评审团队需要确保其选择和实现符合系统设计的需求和预期效果。

评审团队需要全面理解和分析所采用的关键算法。这包括数据处理、信号处理、控制逻辑等多个方面。算法的选择应符合系统的功能需求，并能在预期的性能指标下高效运行。评审团队需要验证算法的合理性和有效性，确保其能够在不同的操作条件下稳定工作。评审过程还需关注算法实现的细节和复杂度。算法必须能够处理各种输入条件和异常情况，确保系统在面对不同情况时能够正确响应和处理。这包括对算法的边界条件处理、异常情况下的行为等方面进行细致评估，从而保证系统的稳定性和可靠性。评审团队需要考虑算法的可维护性和扩展性。随着系统需求的变化和技术进展，算法可能需要进行更新和扩展。因此，算法实现必须清晰易懂，并且支持未来的系统扩展和功能增强。

（四）安全性和性能评估

1. 安全性评估

安全性评估是确保系统能够有效防范各类安全风险和威胁的关键步骤。评审团队需要进行详尽的风险分析和漏洞评估，通过深入分析系统设计和实现的各个方面，识别潜在的安全风险点。这一过程包括对数据处理流程、用户身份验证机制以及数据传输安全性的全面审查，旨在确保系统在运行时能够有效地防范可能的攻击和数据泄漏。

基于风险评估的结果，评审团队制定并实施必要的安全措施和防御策略。这些措施可能涉及加密通信的实施，确保数据在传输过程中的机密性和完整性。同时，应采用严格的访问控制措施，以保护系统内部的关键功能和数据免受未经授权的访问。强化身份验证机制也是关键措施之一，要确保只有经过授权的用户能够访问系统和其功能。此外，安全审计机制的实施和定期审查，有助于发现潜在的安全漏洞和改进安全性策略。除了技术层面的安全措施，设计评审还需要确保轮机软件的设计和实施符合适用的安全标准和法规要求。例如，需要确保软件系统符合船舶设备的特定安全规范，并遵循相关的数据隐私法律法规。评审团队负责验证系统设计是否符合这些标准，并推动系统设计和实施达到合规性要求，以保证软件在使用过程中不会违反法律法规，同时提高系统的整体安全水平和可信度。

2. 性能评估

性能评估是确保系统能够满足用户需求并在各种负载条件下稳定运行的关键环节。首先，评审团队进行响应时间评估，以评估系统对用户请求的实时响应能力。这包括实时交互和大数据处理任务的时间消耗分析。通过模拟实际使用场景或使用专业性能测试工具，评估系统在不同负载条件下的响应时间，并识别可能存在的性能“瓶颈”。这一过程不仅有助于提前发现和解决响应时间过长或不稳定的问题，还能够优化系统的实时性和用户体验。其次，评审团队进行吞吐量和负载测试，评估系统在不同负载条件下的性能表现。这包括评估系统在高并发用户数量和大数据处理量的情况下，其性能是否能够保持稳定。通过负载测试和性能监控工具，评估系统在压力测试下的表现，并分析系统可能出现的性能“瓶颈”和“瓶颈”原因。这一过程能够帮助评审团队确定系统的扩展能力和弹性，确保在实际操作中系统能够应对不断变化的负载需求，保持稳定性和可靠性。

设计评审需要关注系统在运行过程中的资源利用率优化。评审团队分析系统在不同工作负载下的资源消耗情况，包括 CPU、内存、存储等硬件资源的使用率。通过性能分析和资源监控工具，评估系统的资源利用效率，并提出优化建议以改善系统的资源管理和性能效率。这包括调整系统的算法和数据结构、优化代码实现，以及合理配置硬件资源，确保系统能够有效地利用硬件资源，提高系统整体的性能表现和运行效率。

三、单元测试和集成测试

（一）单元测试

单元测试是针对软件中的各个独立单元进行的测试，如函数、类或模块。每个单元测试的主要目的是验证单元的功能是否按照预期工作。这包括验证单元对正常输入的处理是否正确、对边界条件的适当处理以及对异常情况的恰当反应。通过单元测试，开发人员可以在集成整个系统之前，就能够及早地发现并修复代码中的问题和潜在缺陷。在轮机软件开发中，单元测试尤为重要。轮机系统作为船舶核心组成部分，其软件的稳定性和可靠性对船舶操作安全至关重要。单元测试不仅能够确保每个软件单元的功能正确性，还有助于提升整体软件系统的质量和可维护性。通过编写详细的单元测试，开发团队可以快速反馈开发过程中是否符合设计规范和预期行为，从而及时进行调整和优化。

关键的单元测试实施方法包括使用自动化测试框架进行测试的自动化管理和执行。自动化测试能够大大提高测试的效率和准确性，减少出现人为错误的可能性，并允许开发团队频繁地运行测试，以确保代码的每次修改都不会引入新的问题。每个单元测试应该是独立的、可重复的。这意味着任何时候运行相同的单元测试，都应该得到相同的结果，以保证测试的一致性和可靠性。此外，单元测试应该覆盖到可能的所有情况，包括边界条件和异常情况，以验证软件单元的稳定性和可靠性。

（二）集成测试

1. 集成测试的重要性

集成测试是软件开发过程中的一项关键活动，其主要目的是验证不同单元或组件在集成后能否正常协作和交互。轮机软件通常由多个模块和子系统组成，这些模块在集成后需要能够协同工作，以实现整体的功能需求。集成测试的核心目标在于确保系统的各个部分能够正确地交换数据、相互调用，并且在各种操作条件下能够稳定运行。在轮机软件开发中，集成测试尤为重要。船舶轮机系统的复杂性要求各个子系统和模块之间能够高效、准确地协作，以确保船舶的安全操作和性能优化。通过集成测试，测试团队可以模拟实际使用情况下的各种场景和条件，以评估系统在不同工作负载和环境条件下的表现。

2. 集成测试的实施

逐步集成是软件开发中的关键实践，特别是在复杂系统如轮机软件中。这一策略从系统的较小部分开始，逐步整合更大的模块或子系统，确保每个集成步骤都能够顺利进行。通过逐步集成，开发团队能够控制和管理系统集成的复杂度，并确保每个阶段都能够稳定运行，从而最终构建出完整且可靠的软件系统。接口测试是确保不同模块之间正确交互的关键测试环节。在轮机软件开发中，不同的模块通过定义的接口进行数据传输和功能调用。接口测试验证这些接口的准确性和安全性，确保数据传输的完整性和正确性，同时避免潜在的数据丢失或错误。通过细致的接口测试，可以减少模块集成时可能出现的通信问题，确保系统整体功能的一致性和稳定性。

功能完整性测试是验证整个轮机软件系统是否按照设计规范和功能需求工作的重要测试活动。这种测试涵盖了系统的所有功能模块和业务流程，以确认系统在各种使用场景下的行为是否符合预期。功能完整性测试不仅测试功能逻辑的正确性，还要确保系统的各项功能能够完整实现，满足最终用户的需求和预期。性能测试评估轮机软件在不同负载条件下的性能表现。这包括评估系统的响应时间、吞吐量和资源利用率等指标。在船舶操作中，轮机软件必须能够处理大量的实时数据，并在各种环境条件下保持稳定性。性能测试帮助开发团队识别和解决系统在高负载或异常情况下可能出现的性能“瓶颈”，确保系统能够在实际运行中保持高效和可靠。

容错性和恢复能力测试是评估轮机软件系统在面对故障或异常情况时的表现。这种测试模拟系统遭遇硬件故障、软件错误或外部干扰时的反应。通过容错性和恢复能力测试，开发团队能够评估系统的自动恢复能力和紧急处理机制，以确保系统能够快速恢复正常运行，最大限度地减少对船舶操作的影响。

四、验证和验证测试

（一）验证

验证是确认轮机软件系统是否满足了特定的设计规格和需求的过程。在验证阶段，重点是确保软件按照预期的设计和规格进行开发，并且能够在实际操作中达到预期的功能性和非功能性需求。验证的主要目标是确认“我们是否正在构建正确的系统”，即确保软件系统与最初定义的需求一致。验证的关键实践包括以下几个方面。

1. 需求溯源

追溯功能点意味着每个软件功能或模块都有明确的源头，即其对应的功能需求。在软件开发的早期阶段，开发团队与利益相关者紧密合作，确保对需求的充分理解和详细记录。这些需求必须明确、一致，并能够准确反映实际操作中的需求和期望功能。通过详细的需求分析和规格定义，确保每个功能点都可以追溯到特定的用户需求或业务规范。设计决策的追溯是确保软件实现的每个设计选择都有其背后的合理性和必要性。设计评审过程中，评审团队需要审查软件的整体架构设计、模块化设计、数据流和控制流程等。每个设计决策都应该能够追溯到满足特定需求或优化系统性能的设计目标。例如，界面设计和接口设计必须与用户操作的直觉和特定设备操作需求一致，从而确保系统的易用性和操作效率。

在实际开发过程中，通过采用适当的工具和技术来支持功能追溯和设计决策的跟踪是至关重要的。现代的软件开发平台和工具通常提供需求管理、设计文档化和版本控制等功能，支持开发团队记录和追溯每个功能点的来源和每个设计决策的演变过程。例如，使用版本控制系统管理代码变更和提交历史，结合需求跟踪工具来关联需求和开发任务，以及使用设计文档工具记录设计决策和实现细节。追溯功能点和设计决策不仅有助于确保软件系统的功能完整性和一致性，还能够提高软件开发团队的协作效率和沟通透明度。通过良好的追溯实践，开发团队能够更好地应对变更管理、问题追踪和软件维护挑战，从而提高软件项目的成功交付率和客户满意度。

2. 静态分析

设计文档的评估是确保软件系统设计与功能需求一致的关键步骤。设计文档应包含系统的整体架构设计、模块化设计、数据流和控制流程等详细信息。评审团队通过对设计文档的仔细审查，应确认系统的设计能够有效支持和实现预期的功能和性能要求。例如，评估设计文档中是否清晰地描述了系统的核心功能和各个模块之间的交互关系，以及设计是否考虑到未来的扩展性和变更性需求。

代码的评估是验证软件系统实现是否符合设计规范和最佳实践的重要环节。评审团队通过代码审查和静态代码分析工具，检查代码的结构、命名规范、注释质量以及是否符合编码标准和设计模式。代码的一致性评估不仅包括功能实现的正确性，还包括代码的可读性和维护性，要确保团队成员能够理解和修改代码，而不会引入不必要的错误或降低系统性能。

3. 动态测试

功能性测试是验证软件系统是否按照设计规范和用户需求正确工作的关键测试之一。功能性测试用例覆盖了软件的各个功能模块和操作流程，通过模拟用户操作、输入不同的数据情况以及考虑各种边界条件，能确保软件在各种典型和极端情况下表现稳定和正确。例如，功能性测试可以验证用户界面的交互性、数据输入的有效性、业务逻辑的正确性等，以确保用户可以按预期方式使用软件。

性能测试评估了软件系统在不同负载和压力条件下的性能表现。性能测试用例包括了对系统的响应时间、吞吐量、并发用户支持能力以及资源利用率的评估。通过使用性能测试工具和模拟实际使用场景，评估系统在高负载时是否能够维持稳定的性能水平，并且识别可能的性能“瓶颈”和优化空间。

安全性测试是验证软件系统在面对各种潜在安全威胁时的表现和反应能力的重要测试类型。安全性测试用例涵盖了系统的数据保护机制、身份验证控制、访问权限管理以及防止潜在攻击（如 SQL 注入、跨站点脚本等）的能力。通过模拟安全攻击、异常输入和非授权访问，评估系统的安全性能，并确保实施了适当的安全措施来保护用户数据和系统功能的完整性。

用户体验测试关注软件系统的整体用户体验和操作流畅性。这包括界面设计的直观性、操作的易用性、反馈的及时性以及系统的整体稳定性。用户体验测试用例通过模拟真实用户使用场景和流程，评估用户在使用软件时的感受和体验，以便提出改进建议和优化建议，从而提升软件的用户满意度和市场竞争力。

（二）验证测试

在软件开发生命周期中，验证测试是验证阶段的具体实施，通过执行一系列测试活动，评估软件是否符合设计规格和功能需求。验证测试通常包括多种技术和方法，用于确保软件系统在各个方面的正确性和完整性。本节将详细探讨验证测试的主要实践及其重要性。

功能测试是验证软件的功能是否按照需求规格实现的关键环节。其目标是确保每个功能模块都能按照预期工作，满足业务需求。功能测试通过精心设计的测试用例来实现，这些用例基于需求规格说明书编写，并确保覆盖所有功能点。在执行过程中，测试人员使用手动或自动化测试工具，逐步验证每个功能模块的行为，比较实际输出与预期输出，记录测试结果和缺陷。通过功能测试，可以发现和修复功能上的问题，确保软件具备预期的功能和操作。性能测试旨在评估软件在预期负载下的性能表现，如响应时间和吞吐量等。其目标是确保系统在不同负载下的性能指标满足要求。性能测试通常包括负载测试、压力测试和容量测试等方法。负载测试模拟正常和高峰负载，测量系统响应时间和吞吐量；压力测试逐步增加负载直到系统崩溃，确定系统的最大承载能力；容量测试则在特定资源限制下评估系统表现。通过性能测试，可以优化系统性能，确保在高负载情况下依然能够高效运行。

安全性测试检查软件系统是否能够防范潜在的安全威胁和风险。其目标是识别并修复安全漏洞，确保数据安全和系统完整性。安全性测试包括漏洞扫描、渗透测试和安全审计等方法。漏洞扫描使用自动化工具扫描代码和系统配置，发现已知漏洞；渗透测试模拟攻击者行为，尝试侵入系统以发现安全缺陷；安全审计则通过审查代码和配置，确保符合安全标准和最佳实践。通过安全性测试，可以提升系统的安全性，保护用户数据和隐私。可靠性测试旨在测试软件在长时间运行和各种环境条件下的稳定性和可靠性。其目标是确保软件在实际使用中的持久性和稳定性。可靠性测试包括稳健性测试、长期运行测试和故障注入测试等方法。稳健性测试在不同硬件和软件环境中

运行测试，检查系统的稳定性；长期运行测试让系统在长时间内连续运行，监控其性能和可靠性；故障注入测试有意引入故障，测试系统的错误处理能力和恢复能力。通过可靠性测试，可以确保系统在各种条件下依然能够稳定运行。

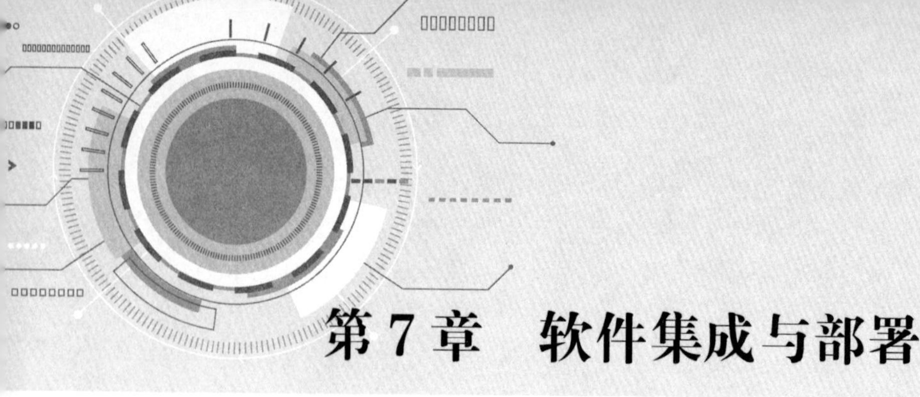

第 7 章　软件集成与部署

软件集成过程中的挑战与解决方案

软件集成是将多个独立开发的模块或组件组合成一个整体系统的过程。在轮机工程中，这个过程尤其复杂和关键，因为系统需要高度可靠和实时的性能。

一、兼容性问题

（一）挑战

为了解决这些兼容性问题，需要采取一系列有效的措施。首先，制定统一的技术规范和接口标准也是关键。这包括定义清晰的 API 接口、数据格式和通信协议，确保不同模块能够按照统一的标准进行开发和集成。其次，建立跨团队的沟通和协作机制，定期进行技术交流和代码评审，及时发现和解决兼容性问题。最后，引入自动化测试和持续集成工具，可以在集成过程中实时检测和修复兼容性问题，提高集成效率和质量。

不同开发团队使用不同的编程语言、框架和库，导致兼容性问题，是轮机工程软件集成过程中不可忽视的挑战。通过制定统一的技术规范、加强团队协作和引入自动化工具，可以有效应对这些挑战，确保系统在集成后的稳定性和高性能，从而保障轮机系统的可靠运行和安全性。

（二）解决方案

1. 标准化接口

在轮机工程的软件集成过程中，标准化接口的重要性不言而喻。定义明确的接口和通信协议，是确保不同模块之间能够顺利、可靠地进行通信的关键步骤。不同模块可能由不同的团队开发，这些团队可能使用不同的编程语言、框架和工具。通过定义明确的接口和通信协议，可以确保所有团队都遵循相同的规则，从而避免由于技术差异而导致的兼容性问题。这种一致性有助于

各个模块在集成时能够无缝对接，减少了调试和修改的工作量。在轮机工程中，随着技术的发展和需求的变化，系统可能需要不断地进行升级和扩展。通过采用标准化的接口设计，新模块的引入和现有模块的更新都能够更加便捷和高效。标准化接口使得各个模块之间的依赖关系更加清晰，模块的替换和升级也不会对整个系统造成大的影响，从而提高了系统的可维护性和可扩展性。

明确的接口和通信协议可以确保数据在不同模块之间传输的准确性和一致性，避免了由于数据格式和传输方式不一致而导致的错误和性能“瓶颈”。标准化的接口设计能够优化系统的通信效率，减少数据转换和处理的开销，从而提高系统的整体性能和响应速度。标准化接口的另一个重要优势在于提高开发和测试的效率。通过定义标准化的接口，各个开发团队可以并行工作，独立开发各自负责的模块，而不必担心接口不兼容的问题。在集成阶段，标准化接口能够简化测试和调试的过程，自动化测试工具可以更容易地模拟接口调用和数据传输，确保系统的每个部分都能按预期工作。

2. 中间件

中间件能够在不同模块之间充当桥梁，解决直接通信的兼容性问题。消息队列和服务总线是常见的中间件形式，它们可以实现异步通信和松耦合设计。消息队列，如 RabbitMQ 和 Kafka，允许模块将消息放入队列中，而其他模块可以从队列中读取消息。这样，即使模块使用不同的编程语言或运行在不同的平台上，它们也可以通过消息队列实现通信。这种机制不仅提高了系统的灵活性，还能显著减少由于接口不兼容而导致的错误。

在轮机工程中，系统需要处理大量的数据，并对实时性要求极高。通过引入服务总线（如 Apache Camel 或 Azure Service Bus），可以实现服务的集中管理和路由。服务总线能够处理各种通信协议和数据格式，确保数据在不同模块之间的正确传输和转换。同时，中间件可以提供负载均衡和故障恢复功能，增强系统的稳定性和可靠性。在轮机工程中，多个模块可能分布在不同的物理位置，如船上的各个子系统和岸基的监控中心。中间件能够实现这些分布式模块之间的协调工作，并提供统一的接口和通信机制。通过中间件，分布式系统中的各个模块可以像一个整体系统一样协同工作，从而简化了系统的设计和管理。

中间件还能提高系统的可维护性和开发效率。通过使用中间件，开发团队可以专注于各自模块的业务逻辑开发，而不必过多关注模块间的通信细节。中间件提供了标准化的通信接口和协议，使得模块的开发和集成更加简单和高效。中间件还支持监控和管理工具，可以实时监控系统的运行状态，快速定位和解决问题，提高了系统的可维护性。

3. API 网关

在轮机工程的软件集成过程中，不同模块之间可能会使用不同的接口和通信协议，这导致了在兼容性和管理上的挑战。不同的开发团队可能会选择不同的编程语言和框架，导致各模块的接口风格和数据格式不一致。API 网关充当了所有外部请求的入口，它能够接收各种格式的请求，并将其转换为内部系统能够理解的标准格式。这样，无论外部系统或客户端如何发起请求，API 网关都能确保这些请求被正确解析和路由到相应的模块。这种统一管理接口的方法，显著减少了直接通信带来的复杂性和错误风险。

轮机工程中，不同模块可能使用不同的通信协议，如 HTTP、HTTPS、TCP、WebSocket 等。API 网关能够在这些协议之间进行转换，确保不同模块能够顺利通信。例如，API 网关可以将外部的 HTTP 请求转换为内部模块需要的 TCP 协议，或将 WebSocket 的实时数据流转化为模块能够处理的标准消息格式。这种协议转换功能，使得各模块在使用自己最适合的协议和技术栈的同时，仍然能够无缝集成。

API 网关可以实现身份验证、授权和数据加密等安全措施，防止未经授权的访问和数据泄漏。同时，API 网关还可以记录和监控所有的请求和响应数据，并提供详尽的日志和性能指标。这些监控数据不仅有助于实时发现和解决问题，还能为系统的优化和改进提供依据。轮机工程中的系统通常需要处理大量的并发请求，API 网关可以根据预设的策略，将请求分配到多个后端实例，均衡各实例的负载，避免单点故障和性能“瓶颈”。通过这种方式，系统能够更高效地利用资源，提升响应速度和处理能力。API 网关提供了一个集中管理和配置的平台，开发团队只需关注各自模块的业务逻辑，而不必过多考虑模块间的通信细节。运维团队也能够通过 API 网关的管理界面，方便地进行配置变更、版本控制和故障排除。这样的集中管理方式，提高了系统的可维护性和开发效率。

二、数据一致性

（一）事务管理

在轮机工程的软件开发中，事务管理是确保数据一致性和系统可靠性的关键。通过使用二阶段提交和 Saga 模式等分布式事务管理方案，开发团队能够有效应对分布式环境下的数据一致性挑战。二阶段提交通过严格的准备和提交阶段，确保了事务的一致性，但在性能和资源锁定方面存在一定局限。Saga 模式通过将长事务分解为多个子事务，并通过补偿机制恢复一致性，提供了更灵活和高效的解决方案。结合事务管理工具和中间件的使用，开发团队可以更方便地实现分布式事务管理，确保系统的高性能和可靠性。通过这些综合措施，轮机工程的软件系统能够在复杂的分布式环境中保持稳定运行，为系统的高效管理和安全运行提供坚实的保障。

（二）数据同步机制

在轮机工程的软件开发中，采用事件驱动架构（如 CQRS 和 Event Sourcing）能够有效地实现实时数据同步和一致性，提升系统的性能和可靠性。通过 CQRS 模式，系统可以将命令操作和查询操作分离，提高读写操作的性能。在 Event Sourcing 模式下，系统通过记录所有状态变化的事件，实现了强大的审计和恢复能力。事件驱动架构的异步处理机制和高度可扩展性，使得系统能够在高并发环境下高效运行，并快速响应业务需求的变化。通过这些综合措施，轮机工程的软件系统能够在复杂的分布式环境中稳定运行，从而为系统的高效管理和安全运行提供坚实的保障。

（三）一致性检查

在轮机工程的软件开发中，数据一致性是确保系统可靠性和安全性的关键因素。由于系统的复杂性和分布式特性，不同模块之间的数据同步和一致性维护变得尤为重要。定期对系统中不同模块和数据库中的数据进行对比和验证，确保它们保持一致。在分布式系统中，各模块可能独立处理和存储数据，这增加了数据不一致的风险。为了有效进行数据一致性检查，开发团队需要制订详细的检查计划和策略。首先明确数据一致性检查的频率和范围，确保覆盖所有关键模块和数据存储节点。定期检查可以是每天、每周或每月，具体取决于系统的复杂性和数据更新频率。

采用自动化工具和脚本，提高数据一致性检查的效率和准确性。自动化检查工具可以快速对比和验证大量数据，及时发现不一致问题。例如，使用数据库对比工具（如 Datadog、Redgate）可以自动对比不同数据库中的数据，生成详细的检查报告。开发团队需要制订详细的修复方案，确保数据恢复的一致性和完整性。记录和分析不一致问题的原因，采取预防措施，避免类似问题的再次发生。例如，通过优化数据同步机制，增加数据校验步骤，可以有效减少数据不一致的问题发生。

确保数据的完整性、准确性和及时性，是维护数据一致性的基础。开发团队可以通过数据校验规则和质量检查工具，定期验证数据的质量。为了进一步确保数据一致性，开发团队还可以引入一致性保证机制，如数据校验和确认机制。在数据同步和传输过程中，增加数据校验和确认步骤，可以有效提高数据传输的可靠性。

三、安全问题

（一）安全协议

在轮机工程的软件开发中，使用安全协议如HTTPS和SSL/TLS加密模块间通信，是保护数据传输安全的关键措施。通过加密通信、身份验证和数据完整性保护，SSL/TLS协议可以有效防止中间人攻击、数据泄漏和篡改，从而确保系统的安全运行。开发团队需要进行充分的配置和管理，保持协议和算法的最新版本，并定期进行安全评估和测试，确保通信安全的持续性和可靠性。通过这些综合措施，轮机工程的软件系统能够在复杂的网络环境中安全运行，为系统的高效管理和安全运行提供坚实的保障。

（二）身份验证和授权

在轮机工程的软件开发中，通过实现强化身份验证（如OAuth和JWT）和细粒度授权控制，可以有效确保只有授权用户和模块能够访问系统资源，提升系统的安全性和可靠性。强化身份验证为系统提供了安全的身份确认和授权机制，细粒度授权控制则通过精细化的权限管理，防止越权访问和操作。开发团队需要设计灵活的访问控制策略，采用ABAC或RBAC模型，实现动态和细粒度的授权控制，并定期审核和更新权限策略，确保系统资源的安全访问和管理。通过这些综合措施，保证轮机工程的软件系统能够在复杂的网络环境中安全运行，为系统的高效管理和安全运行提供坚实的保障。

（三）安全审计

1. 定期进行安全审计

安全审计是确保系统安全性的关键措施，通过系统性检查和评估，发现潜在的安全风险和漏洞。在轮机工程中，定期进行安全审计可以帮助识别和修复系统中的弱点，防止恶意攻击和数据泄漏。安全审计的主要目的是全面了解系统的安全状态，包括网络安全、应用安全和数据安全等方面。通过对系统配置、访问控制、日志记录等进行详细检查，安全审计可以发现不符合安全策略的配置和潜在的安全隐患。

确定审计的频率和范围，确保覆盖所有关键系统和组件。例如，针对网络安全和应用安全，可以每季度进行一次全面审计，而针对敏感数据的访问控制，可以每月进行一次检查。另外，选择合适的审计工具和方法，可以确保审计过程的全面性和准确性。

2. 漏洞扫描与修复

漏洞扫描是安全审计的重要组成部分，通过自动化工具扫描系统中的安全漏洞，能够及时发现和修复潜在的安全威胁。漏洞扫描工具可以对系统的网络、应用和数据库进行全面扫描，发现已知的安全漏洞和配置错误。在轮机工程中，漏洞扫描可以帮助发现网络设备、传感器和控制系统中的安全漏洞，防止恶意攻击和数据泄漏。

在发现漏洞后，及时修复是确保系统安全的重要步骤。根据漏洞扫描报告，评估每个漏洞的严重性和影响，优先修复高风险漏洞。例如，针对关键系统和敏感数据的漏洞，应优先修复和加固，防止恶意攻击和数据泄漏。另外，制订详细的修复计划和时间表，确保及时修复和验证漏洞。针对配置错误和弱点，可以通过调整配置和加强访问控制进行加固。

修复漏洞后，需要进行验证和测试，确保漏洞修复的有效性和系统的稳定性。例如，通过重新进行漏洞扫描和安全测试，可以验证漏洞是否已修复和系统是否恢复正常。对于关键系统和功能，可以进行手动测试和代码审查，确保修复措施的彻底性和有效性。

四、变更管理

（一）变更控制流程

变更控制流程首先需要明确变更请求的提交和评审机制。任何变更，无论大小，都需要通过正式的变更请求提交，并详细描述变更的内容、目的和预期影响。变更请求提交后，将由一个专门的变更控制委员会进行评审。CCB 通常由项目经理、技术专家、质量保证人员和相关的利益相关者组成，他们将共同评估变更的必要性和可行性。通过这种集体决策，可以避免个人决策带来的风险和错误，确保每个变更都是经过深思熟虑的。

在评审过程中，评估变更的影响和风险是关键环节。变更控制委员会需要详细分析变更对系统各个方面的影响，包括功能性、性能、安全性和可维护性等。还需要评估变更的实施风险，包括技术难度、实施过程中可能遇到的问题以及对现有系统的潜在破坏。通过这种全面的评估，可以提前识别潜在的风险和挑战，并制定相应的应对策略。

制订详细的变更实施计划，包括具体的实施步骤、时间表和责任分配。每个变更都应该有明确的负责人，确保变更的实施过程有序进行。另外，变更实施过程中需要进行严格的监控和记录，确保每一步都在预期范围内进行。如果在实施过程中出现问题，需要及时记录并采取相应的纠正措施，确保变更的顺利进行。

变更实施完成后，需要进行全面的验证和测试，确保变更的效果符合预期，并不会对系统的其他部分造成负面影响。验证过程通常包括功能测试、性能测试和回归测试等，通过这些测试可以全面检查变更的正确性和可靠性。

变更实施完成后，需要对变更的效果进行评估，检查变更是否达到了预期的目标，并记录变更的具体情况和经验教训。这些记录不仅可以为未来的变更提供参考，也可以帮助团队不断改进变更控制流程，提高整体的变更管理能力。

（二）需求管理工具

在现代轮机工程的软件开发过程中，需求管理工具如 JIRA 在变更管理中发挥了至关重要的作用。通过 JIRA，开发团队可以详细记录每一个变更请求，包括变更的背景、具体内容、预期影响和优先级。每个变更请求在系统中都有一个独立的记录，方便团队成员随时查阅和跟踪。这不仅提高了信息的透明度，还确保了所有变更都有据可循，避免了遗漏和重复工作。此外，JIRA 提供了强大的搜索和过滤功能，团队可以根据需求快速找到相关的变更请求和历史记录，为后续的决策提供参考。在变更请求提交后，需求管理工具还支持变更的评审和审批流程。通过 JIRA 的工作流管理功能，团队可以设置多级评审和审批机制，确保每个变更在实施前都经过充分的评估。

为了提高系统对变更的适应能力，采用模块化和松耦合的架构设计是必不可少的策略。模块化设计将系统按照功能划分为多个独立的模块，每个模块承担特定的功能和任务。这种设计使得每个模块可以独立开发、测试和部署，减少了模块之间的依赖和耦合。当某个模块需要变更时，只需对该模块进行修改和测试，而不会影响其他模块，从而降低了变更的复杂性和风险。松耦合设计是模块化设计的进一步提升，通过减少模块之间的依赖性，可以提高系统的灵活性和可维护性。松耦合设计通常通过接口和消息传递机制实现，模块之间的交互通过定义好的接口进行，不直接依赖对方的内部实现。

此外，采用模块化和松耦合的设计，还能显著提升系统的可测试性和可维护性。每个模块可以单独进行单元测试和集成测试，确保其功能的正确性和稳定性。通过自动化测试工具，可以快速验证变更的效果，发现和修复潜在的问题，保证系统的质量和可靠性。同时，模块化和松耦合设计使得系统的维护更加便捷，当某个模块出现问题时，可以快速定位和修复，而不会影响整个系统的运行。

软件部署与运行管理的最佳实践

软件部署与运行管理在轮机工程中扮演着至关重要的角色，它直接影响着船舶系统在实际运行中的稳定性、高效性和安全性。在轮机工程领域，船舶上的软件系统不仅需要满足日常操作的需求，还必须能够应对复杂的海洋环境、长时间的运行以及安全性方面的挑战。

一、软件部署最佳实践

（一）硬件环境准备

在船舶工程中，软件部署和运行管理是确保船舶系统稳定、高效和安全运行的关键环节。船舶作为一个复杂的工程系统，涉及多种硬件设备和软件组件的集成，其部署和管理需要遵循一系列最佳实践和注意事项，以确保系统能够长期稳定运行并满足船舶运行的需求和安全标准。

在开始部署之前，必须进行充分的规划和准备。这包括评估船舶系统的整体架构，确认软件和硬件的兼容性，以及理解船舶环境的特殊要求和限制。例如，考虑到船舶环境中可能存在的振动、湿度、温度等因素，需要选择符合相关标准的硬件设备和防护措施，以保证软件运行的稳定性和可靠性。在部署前，必须对船舶上的硬件设备进行充分的兼容性测试。船舶的硬件设备种类繁多，可能来自不同的供应商，且具有不同的通信协议和数据格式。通过兼容性测试，可以验证软件系统与这些硬件设备的互操作性，确保能够正常读取和处理设备数据，并通过适当的接口控制设备操作。如有限的处理能力、存储容量和网络带宽。为了确保软件系统能够在这些限制条件下高效运行，需要评估和优化硬件的处理能力、内存容量以及存储和网络性能。这不仅包括单个设备的性能评估，还涉及设备之间的协同工作和数据交换的效率。

在实际的部署过程中，还需考虑到船舶的特殊操作需求和安全要求。例如，确保部署的软件能够实时响应船舶的操作指令，并能够在遇到意外情况时提供可靠的应急处理能力。同时，软件部署必须符合船舶的安全标准和规定，包括对数据传输安全、远程访问控制和系统漏洞修复等方面的要求。

（二）部署流程设计

在轮机工程中，软件部署和运行管理是确保船舶系统稳定性、高效性和安全性的关键环节。在开始部署之前，必须进行充分的准备工作，包括硬件环境的评估和兼容性测试。这确保了船舶上的各种硬件设备（如计算机、传感器、控制器等）能够与软件系统无缝协作。硬件的性能指标，如处理能力、存储容量和网络带宽，也必须评估，以确保它们能够满足软件运行的要求。

软件的安装和配置也是部署过程中的关键步骤。通过自动化工具，可以实现软件的自动化部署和配置，从而减少人工操作造成的错误和时间成本。安装过程涉及将软件包或镜像文件上传至目标计算机，并在目标计算机上执行安装步骤。配置过程包括管理和维护各种配置文件，如系统设置、数据库连接和网络配置，要确保它们在所有部署节点上的一致性和正确性。一旦软件安装和配置完成，系统需要被启动以确保各个组件和服务正常运行。此时，预定义的验证步骤和测试用例被用来验证系统的主要功能是否正常工作。功能验证可以包括基本功能测试、性能测试以及安全性测试，以确保系统能够稳定、高效地运行。

使用自动化工具可以大幅提升部署和配置过程的效率和一致性。这些工具不仅管理配置文件的同步和更新，还能够集成版本控制系统来跟踪和管理软件版本的变更。通过这样的方式，团队可以更加轻松地实现部署的回滚和版本管理，确保在需要时能够快速恢复到稳定的系统状态。

（三）安全性和权限管理

1. 安全策略实施

在实施安全策略时，采用安全协议如 HTTPS、SSL/TLS 是确保数据传输安全的关键措施。这些协议通过加密通信数据，有效地防止了数据在传输过程中被窃取或篡改的风险，从而保护了信息的机密性和完整性。

HTTPS 是一种基于 HTTP 协议的安全通信协议，通过在传输层加入 SSL/TLS 协议，使用公钥加密和私钥解密的方式，实现数据的加密传输。它通过对通信数据进行加密，防止了中间人攻击（Man-in-the-Middle Attack）和数据泄漏的风险。对于需要保护用户敏感信息的应用，如网上银行、电子商务平台等，采用 HTTPS 能够有效地保障用户数据的安全，增强用户信任和数据隐私保护。SSL 是较早的安全传输协议，TLS 则是其后续的标准化版本，提供了更加安全和高效的数据传输保护机制。TLS 协议通过服务器和客户端之间的握手过程，协商加密算法和密钥长度，确保通信双方能够安全地进行数据传输。在实际应用中，通过配置服务器和应用程序使用 SSL/TLS 证书，可以启用安全套接层以保护网站和应用程序的数据传输。SSL/TLS 证书由可信任的证书颁发机构（CA）颁发，用于验证服务器的身份，并确保通信双方的身份和数据的机密性。定期更新证书和使用较高级别的加密算法（如 AES-256）是提高安全性的额外有效措施。

2. 权限控制

权限控制在确保系统安全性、数据保护和合规性方面起着关键作用。通过采用适当的技术和策略，再结合最佳实践和安全标准，可以有效地降低系统面临的安全风险，并提升整体的安全性和可信度。在任何软件部署和运行管理中，都应当将权限控制作为一个优先考虑的安全措施。

（四）监控和报警

1. 实时监控

在软件系统的运行管理中，实时监控扮演着至关重要的角色，特别是在需要高可靠性和稳定性的轮机工程领域。实时监控系统能够实时收集和展示软件系统的运行状态。这包括监测各个关键模块或组件的活动状态、运行时间、资源利用率等信息。通过实时的数据反馈，监控系统能够提供运维人员和开发团队对系统整体运行情况的全面了解，从而确保系统正常运行。监控系统还能实时监测系统的性能指标。这些性能指标涵盖了系统的响应时间、吞吐量、处理能力等关键参数。通过监控这些指标，运维团队可以快速识别系统性能方面的“瓶颈”，并采取相应的优化措施，以确保系统在高负载和复杂环境下依然稳定运行。实时监控系统还具备异常检测和预警功能。通过设定预警规则和阈值，监控系统能够在系统发生异常或性能下降时自动发出警报。这种实时的警报机制能够帮助团队快速响应问题，减少故障对系统运行的影响，从而保证系统的可用性和可靠性。

另外，监控系统还能收集和分析系统的日志和事件数据。这些数据对于诊断问题、追踪故障和进行原因分析至关重要。通过监控系统的日志记录和事件追踪功能，团队可以迅速定位并解决问题，提高故障处理的效率和准确性。实时监控系统应当提供直观、易于理解的可视化界面和报告功能。这种可视化能力不仅有助于运维人员和管理团队快速了解系统运行情况，还能够支持决策过程和持续改进措施的制定。

2. 报警设置

配置有效的报警机制在任何软件系统中都是至关重要的，特别是在需要高可用性和稳定性的轮机工程领域。这些规则和阈值应该根据系统的性能指标和关键参数来制定，如 CPU 使用率、内存占用、网络流量、响应时间等。通过设定适当的阈值，可以确保警报系统不会因为常规波动而频繁触发，同时又能及时响应系统真正的异常情况。

通常情况下，报警通知应当发送到相关的运维团队成员、开发人员以及管理层，要确保关键问题能够被及时关注和处理。常见的通知渠道包括电子邮件、即时消息（如 Slack、Microsoft Teams 等）、短信或电话通知等，以确保在各种情况下都能及时地通知到相关人员。报警信息应该包含关键的系统状态信息、触发警报的具体条件、发生时间以及可能的原因分析。这些信息有助于接收者快速了解问题的性质和严重程度，有利于更快速、更准确地采取响应措施。此外，报警设置还应该考虑到报警的自动化处理和反馈机制。例如，可以配置自动化脚本或程序来尝试解决一些常见的问题或进行初步的故障排除，以减少对人工干预的依赖和响应时间。同时，对已解决的问题或恢复正常的状态应及时发出反馈通知，以确保团队了解问题的处理进展情况。

（五）容错和恢复机制

1. 容错设计

容错机制的实施不仅可以提高系统的可靠性和可用性，还能有效减少因故障而引起的生产中断和损失。通过定期备份关键数据、配置文件和系统状态，可以在系统遭受灾难性故障时快速恢复至之前的可用状态。备份数据应当存储在安全可靠的地方，并定期进行验证和更新，以确保备份数据的完整性和有效性。另外，冗余设计是另一个关键的容错机制。通过在系统中增加冗余组件或设备，例如冗余服务器、网络设备或存储设备，可以在主要组件发生故障时自动切换到备用组件，从而避免系统的停机时间和服务中断。冗余设计通常涉及双机热备、双路冗余电源供应、双网冗余等措施，以保证系统在单点故障时依然能够维持运行。

故障转移是指系统能够自动检测和响应故障，将流量或任务自动切换到备用设备或系统节点，以确保服务的连续性和用户体验。自动恢复功能则是指系统能够在故障修复后自动恢复至正常运行状态，而无须人工干预或限制的停机时间。容错设计还需要考虑到监控和预警机制。通过部署实时监控系统，可以持续监测系统的运行状态、性能指标和事件日志，及时发现潜在的故障迹象并进行预警。预警系统能够及时通知运维人员或管理人员，以便他们能够快速响应并采取适当的措施，避免故障对系统正常运行造成更大的影响。定期进行容错演练和测试能够评估容错机制的有效性和可靠性，发现潜在的缺陷并进行改进。演练和测试还能够提升团队对系统故障应对的熟练程度和反应速度，确保在真正发生故障时能够快速、有效地恢复系统运行。

2. 灾难恢复

在轮机工程中，制订灾难恢复计划是确保船舶在突发情况和灾难事件中能够迅速恢复正常运行的重要步骤。船舶上的关键数据，包括系统配置、操作日志、航行数据等，都需要进行定期备份。备份策略通常包括全量备份、增量备份和差异备份等方法。全量备份定期对所有数据进行完整备份，通常安排在每周或每月进行，以确保在最严重的灾难情况下也能恢复全部数据。增量备份在全量备份的基础上，只备份自上次备份以来更改或新增的数据，节省存储空间和时间，通常安排在每天进行。差异备份则每次备份自上次全量备份以来的所有更改，可以在恢复时减少数据合并的复杂性。恢复策略则包括定期演练恢复操作，确保在实际需要时，团队能够迅速且准确地恢复数据。

恢复演练应包括从备份介质恢复数据到系统，并验证数据的完整性和可用性。

冗余和容错设计确保在部分系统组件发生故障时，整体系统仍能继续运行。关键措施包括硬件冗余、网络冗余和双机热备。硬件冗余为重要设备（如服务器、存储设备、电源供应等）配置备用设备，一旦主设备发生故障，系统可以自动或手动切换到备用设备。网络冗余配置多条独立的网络路径，确保在一条网络路径中断时，数据可以通过另一条路径传输。双机热备则配置两台服务器互为备份，当主服务器发生故障时，备用服务器可以立即接管工作。

应急响应计划定义了在灾难事件中各团队成员的具体职责和操作步骤，包括应急联系人清单、应急演练和培训计划。应急联系人清单列出所有关键人员的联系方式，包括 IT 支持、船舶管理人员、技术供应商等。应急演练通常会定期进行模拟灾难演练，让团队熟悉应急流程和操作步骤，提高实际灾难发生时的反应速度和应对能力。培训计划针对所有相关人员进行灾难恢复培训，包括备份和恢复操作、应急响应流程、使用应急工具等。

实时监控系统可以提前发现潜在问题，避免灾难的发生或减轻灾难的影响。监控系统应覆盖系统性能、网络状态和日志分析等方面。系统性能监测 CPU、内存、存储等资源的使用情况，及时发现和解决资源“瓶颈”。网络状态监控网络流量、延迟和丢包率，及时处理网络故障。日志分析自动分析系统日志，检测异常行为或故障征兆。预警机制则包括设置报警阈值，一旦监控指标超过阈值，就会立即向相关人员发送警报通知。在灾难恢复过程中，确保数据和系统的安全同样重要。应采取数据加密、身份验证和访问控制、安全审计等措施。数据加密对备份数据进行加密存储和传输，防止数据泄漏。身份验证和访问控制严格控制备份和恢复操作的访问权限，防止未授权人员操作。安全审计定期审查备份和恢复操作日志，发现并纠正任何异常或未授权操作。

（六）版本控制和回滚策略

版本控制系统能够追踪和管理代码库的变更历史。每一次代码提交都被记录为一个版本，包含详细的变更描述、提交者信息和时间戳。这些信息不仅帮助团队了解代码的演变过程，还能追溯到每个变更的原因和目的。通过分支管理，团队能够并行开发不同功能或修复不同问题，而无须担心冲突和混乱。在软件部署过程中，回滚策略是应对部署出现问题的关键手段。它旨在快速、有效地恢复到之前的稳定状态，以最小化系统运行中的中断和影响。

一个成功的回滚策略包括明确的触发条件和警报机制，确保在系统性能下降或发生故障时能够及时通知相关人员。此外，备份和恢复策略也是关键步骤，通过定期备份系统状态和数据，可以在需要时快速恢复，避免数据丢失和系统不可用时间的增加。

使用自动化脚本和工具定义详细的回滚步骤和操作流程，能够提高操作的一致性和可靠性，减少人为错误的可能性。在执行回滚后，团队应进行必要的测试和验证，确保系统已经恢复到预期的稳定状态，并能够正常运行并满足业务需求。每次回滚后，团队应该进行回顾和分析，找出导致问题的根本原因，并采取措施以预防类似问题的再次发生。这种持续改进的过程能够不断优化和完善回滚策略，提高团队应对突发情况的能力，保障软件系统的稳定性和可靠性。

（七）培训和文档

为船员和技术支持团队提供充分的培训和详细的文档是确保新部署软件系统顺利运行和有效维护的关键步骤。这些措施不仅有助于确保操作人员具备必要的技能和知识，还能提升整体系统的稳定性和可靠性。

培训是帮助船员和技术支持团队理解新部署系统的重要环节。培训应该覆盖系统的基本功能、操作流程、常见任务和操作注意事项。针对不同的用户群体，培训内容可能会有所不同，例如船员可能更关注系统的基本使用方法和日常维护，而技术支持团队则需要深入了解系统架构、配置和高级故障排除。培训内容应该结合实际操作和案例，通过模拟场景和实际演练来加强学习效果。这种实战训练有助于操作人员熟悉系统界面、功能按钮以及常见的操作路径，从而提高其在实际应用中的反应速度和问题解决能力。

详细描述如何在船舶上安装软件系统，包括硬件要求、安装步骤、必要的驱动程序或依赖项等。应清晰地列出系统的配置选项和设置，包括网络配置、系统参数、数据源连接等，确保每一步都易于理解和执行。提供一份详细的故障排除指南，包括可能遇到的常见问题和解决方法。这些解决方案应该结合实际案例和操作步骤，帮助用户快速诊断和解决问题，减少系统运行中的停机时间。文档的编写应该简洁明了，避免使用过多的技术术语和复杂的描述，以确保操作人员可以迅速找到所需信息。此外，文档应该定期更新，随着系统功能和配置的变化，保持与实际操作的一致性。最后，培训和文档的有效性可以通过定期评估和反馈来进一步改进。应收集用户的反馈和建议，不断优化培训内容和文档结构，以适应不同用户的学习需求和操作习惯。

二、运行管理最佳实践

在轮机工程中，智能航海系统的运行管理最佳实践涵盖了从系统设计、实施到维护的各个方面，确保系统的高效性、可靠性和安全性。这些实践不仅提高了操作效率，还减少了系统故障和停机时间，保障了船舶的平稳运行。

（一）监控与日志管理

1. 实时监控

在现代轮机工程中，实时监控已成为确保系统性能和稳定运行的关键手段。通过使用 Prometheus 和 Grafana 等先进工具，工程师们能够全面了解系统的状态，及时发现并解决潜在问题，从而大幅提高系统的可靠性和可维护性。

实时监控系统性能和资源使用情况是智能航海的重要组成部分。通过 Prometheus 和 Grafana，工程师们可以监控船舶系统的各种性能指标，确保各个系统组件的正常运行。当系统负载过高或资源使用不平衡时，实时监控可以帮助识别性能“瓶颈”，提供调整和优化的依据。例如，在船舶发动机运行时，监控 CPU 和内存的使用情况，能够确保在高负载情况下不会出现性能下降或系统崩溃。实时监控系统的错误率和故障事件，可以帮助工程师及时发现并解决问题，保障系统的稳定性和可靠性。通过监控网络通信错误、设备故障和传感器异常等情况，工程师能够迅速响应并修复问题，减少系统停机时间。在轮机工程这种高风险环境中，及时发现和解决错误至关重要，实时监控工具提供了不可或缺的支持。

安全监控也是智能航海系统不可忽视的一部分。通过实时监控系统的安全事件，如未授权的访问尝试和异常流量模式，工程师可以及时发现和响应安全威胁。有效的安全监控不仅保护了系统和数据的安全，还提高了整体安全防护水平。在面对潜在的网络攻击时，实时监控工具提供了强有力的保障，确保系统在恶劣环境中仍能安全运行。

此外，实时监控还支持预测性维护，通过分析设备运行数据，预测潜在的故障趋势，提前进行维护。这种方式不仅减少了意外停机和维修成本，还提高了设备的运行效率和寿命。例如，通过监控发动机的振动数据，可以预测机械故障，安排预防性维护，避免重大故障的发生。

合理配置报警规则，避免误报和漏报，能够提高监控系统的实用性和可靠性。数据存储和保留策略的合理规划，定期评估和优化监控配置，以及提供详细的文档和培训，都是保障监控系统高效运行的重要措施。

2. 集中日志管理

在现代轮机工程中，集中日志管理是确保系统高效运行和及时故障排除的关键手段。使用 ELK Stack 进行集中日志管理，有助于提高轮机工程的运维效率和故障响应速度。在传统的日志管理方式中，日志数据往往分散在不同的系统和设备中，难以集中管理和分析。而通过 ELK Stack，所有日志数据都可以集中存储和管理，工程师可以通过一个统一的界面，实时查看和分析日志信息。这种集中管理方式，不仅提高了日志数据的可见性和可用性，还大大简化了故障排查和问题定位的过程。Splunk 是另一种强大的日志管理工具，广泛应用于企业级环境中。它能够收集、索引和分析海量的日志数据，提供强大的搜索、监控和报警功能。与 ELK Stack 类似，Splunk 也提供了丰富的可视化和分析工具，工程师可以通过 Splunk 的界面，实时监控系统的运行状态，发现潜在问题并及时采取措施。

在轮机工程中，集中日志管理的实际应用也非常广泛。通过集中管理系统日志和应用日志，工程师可以实时监控系统的运行状态，及时发现和处理异常情况。例如，当系统出现性能问题或故障时，集中日志管理工具可以快速定位问题所在，提供详细的故障信息和分析报告，帮助工程师迅速采取措施，恢复系统的正常运行。另外，通过对日志数据的长期存储和分析，工程师可以发现系统运行中的潜在问题和优化空间。在轮机工程中，确保系统的安全性和合规性是非常重要的。通过集中日志管理，工程师可以实时监控系统的安全事件，如未授权访问、异常流量和恶意攻击等。集中日志管理工具不仅能够提供详细的安全事件日志，还能够生成安全报表和报警，帮助工程师及时发现和响应安全威胁，从而保障系统的安全性和稳定性。

（二）自动化运维

在现代轮机工程中，自动化运维已经成为提高系统效率、降低运维成本以及增强系统可靠性和稳定性的关键工具。自动化运维工具如 Ansible、Chef 和 Puppet 等，通过定义和管理基础设施的代码，实现了对系统和应用的自动化配置和管理。例如，可以编写和执行包含详细配置信息的自动化脚本，以确保所有服务器和设备的配置保持一致，避免了手动操作可能引入的错误和配置偏差。工程师可以设置自动化任务，定期检测和应用操作系统和应用程序的更新，包括安全补丁和漏洞修复，以确保系统始终处于最新和最安全的状态，防止已知漏洞被利用和系统安全性被破坏。

自动化运维工具还支持自动化的备份和恢复机制。通过配置定期备份任务和恢复流程，可以确保关键数据和系统配置的安全性和可恢复性。在发生灾难性事件或数据丢失的情况下，能够迅速恢复系统和数据，减少业务中断和损失。自动化运维还包括设置自动重启和故障转移机制，以提高系统的高可用性和容错能力。例如，可以配置监控和自动化告警系统，当系统或服务出现异常时，自动执行重启或将流量转移到备用节点，减少了手动干预的需求，快速响应并解决问题，保证了系统的稳定性和持续可用性。

（三）安全管理

1. 安全补丁管理

安全补丁管理涉及对操作系统和关键应用程序的定期监测和更新。操作系统和软件供应商通常会发布安全补丁来修复已知的漏洞和安全问题。工程师需要密切关注供应商的安全公告和漏洞报告，及时了解新发布的补丁和修复程序。这些补丁可能涵盖操作系统的核心组件、网络协议、数据库管理系统以及各种应用程序，确保系统在面对新的安全挑战时能够做出有效的响应。未经修补的漏洞和安全漏洞可能会被黑客利用，导致系统遭受未授权访问、数据泄漏或服务中断等安全风险。通过及时应用安全补丁，可以有效堵塞这些潜在的攻击路径，提升系统的整体安全防护能力。

工程师需要评估每个补丁的紧急程度和影响范围，制定合适的更新策略和时间安排，以最大限度地减少对系统正常运行的影响。在一些情况下，可能需要在非工作时间段或计划维护窗口内进行补丁更新，以确保业务连续性和用户体验。安全补丁管理需要建立有效的监控和反馈机制。工程师应该建立系统健康状态的实时监控，监测补丁的应用情况和影响。同时，建立漏洞管理和应急响应机制，以快速响应新发现的漏洞和安全威胁，并及时调整和应用相关的安全补丁。

2. 访问控制

在轮机工程中，访问控制是确保系统安全和保护关键资源的重要措施。基于角色的访问控制（RBAC）是一种广泛应用于企业级系统中的访问控制模型。RBAC 是基于用户的角色和责任分配访问权限，而不是直接授予用户特定的权限。通过定义角色和角色之间的层级关系，系统管理员可以灵活地管理和调整用户的权限，根据实际需要和职责分配合适的访问权限。与传统的用户名和密码认证相比，MFA 要求用户在登录时提供多个身份验证要素，如密码、生物识别信息（指纹、虹膜等）或硬件令牌等。这种额外的认证层级大大提高了系统对恶意访问和未授权访问的防范能力。在船舶系统中，MFA 可以确保只有授权人员在正确身份验证后才能访问关键系统和操作权限，从而有效防止未经授权的访问和潜在的安全威胁。

工程师应建立系统的访问审计日志，记录和监控用户的登录、访问和操作行为。通过审计日志分析，可以及时发现异常活动和潜在的安全风险，并采取适当的措施应对和解决。同时，实施实时监控和警报机制，及时响应和阻止可能的安全威胁，从而提高系统的应对能力和安全防护水平。随着技术的发展和安全环境的变化，工程师需要定期审查和更新访问控制策略，采纳新的安全标准和最佳实践，以应对新型威胁和攻击手段。通过持续改进访问控制措施，可以有效提升系统的整体安全性和抗攻击能力，保障船舶系统在复杂和变化的网络环境中的安全运行。

（四）性能优化

1. 性能分析

性能分析涵盖了系统的各个关键组成部分，包括硬件设备、操作系统、应用程序和网络结构等。工程师们需要通过监控和收集系统的性能指标，如 CPU 使用率、内存消耗、磁盘 I/O 和网络带宽等，全面了解系统的当前状态和运行情况。通过这些数据的分析和比较，可以发现潜在的性能“瓶颈”和“瓶颈”所在。在轮机工程中，系统的负载可能因船舶运行状态、环境条件和任务需求等因素而不断变化。因此，工程师需要定期监测和分析系统在不同负载条件下的性能表现，及时调整资源分配和优化配置，以适应不同工作负荷下的系统需求。

现代轮机工程通常使用各种性能监控工具和分析软件，如 Prometheus、Grafana、ELK Stack 等。这些工具能够实时监控和可视化系统的关键性能指标，并提供详细的分析报告和图表，帮助工程师快速定位和解决性能问题。通过这些工具的使用，工程师能够实现对系统性能的深度分析和精准优化，提高系统的整体效率和稳定性。工程师们需要对关键应用程序进行代码审查、调试和性能测试，发现和优化潜在的性能“瓶颈”和资源消耗问题。通过代码优化、算法改进和系统配置调整等手段，可以有效提高应用程序的响应速度和运行效率，从而改善用户体验和系统的整体性能表现。随着技术的进步和系统的演化，性能分析工作也需要不断更新和优化。工程师应建立定期审查和优化性能分析策略的机制，及时采纳新技术和最佳实践，确保系统在高性能状态下的持续运行和进步。

2 资源管理

资源管理涵盖了多个方面，从硬件设备到软件应用，从数据存储到网络带宽，都需要科学合理地管理和配置。工程师们需要对系统的各项资源进行全面的评估和分析。这包括确定系统所需的计算资源（如 CPU 和内存）、存储资源（如磁盘空间）、网络资源（如带宽和延迟）以及其他关键资源的需求和使用情况。通过详细的资源分析，工程师们能够识别出潜在的资源“瓶颈”和优化空间，为进一步的优化和改进提供数据支持。工程师可以通过实施负载均衡和资源调度策略，合理分配系统资源，确保各个组件和服务在不同负载条件下均能平衡运行。例如，通过自动化的负载均衡器，可以根据实时负载情况动态调整请求的分发，避免单一节点过载，提高系统的整体稳定性和可用性。

优化资源使用有助于降低运营成本和资源浪费。工程师可以通过实施节能措施和优化设备配置，减少不必要的能源消耗和资源浪费。例如，通过智能监控和管理系统，及时调整设备的运行模式和使用功率，以实现节能减排和成本节约的目标。此外，优化资源使用还包括合理规划和管理数据存储，采用数据压缩和去重技术，能有效减少存储空间的占用，降低存储成本。资源管理需要综合考虑技术、经济和环境等多方面因素。工程师在优化资源管理过程中，不仅要追求系统性能的提升和成本的降低，还需关注可持续发展和环境保护的要求。通过采用可再生能源和绿色技术，减少系统对环境的影响，实现资源的可持续利用和保护。

（五）灾备与恢复

1. 数据备份

数据备份的重要性在于其作为系统恢复和灾难恢复计划的重要组成部分。在轮机工程中，关键数据涵盖了各种系统配置、操作日志、传感器数据、航行记录以及维护历史等信息。这些数据对于船舶的安全运行和性能优化至关重要，因此必须确保其安全备份和可靠恢复。定期备份是保证数据持久性的基础。通过制定合理的备份策略，备份策略应考虑到数据的重要性和变化频率，以及可用存储资源的限制，以实现最佳的备份效率和成本效益。工程师应定期进行数据备份的恢复测试，模拟不同类型的故障或灾难情景，以验证备份数据的可靠性和有效性。只有在真正的灾难发生时，经过有效测试和验证的备份才能确保系统能够迅速恢复到正常运行状态。

在实施数据备份过程中，技术工具和设备选择至关重要。现代轮机工程通常采用高效可靠的备份解决方案，如云存储服务、网络附加存储设备或专用备份服务器。这些解决方案不仅能够提供高容量和高性能的备份存储，还能够通过加密和权限控制等措施保护备份数据的安全性。根据法律法规或行业标准，一些数据可能需要长期保留，以供审计、法律诉讼或历史记录查询之用。因此，在制定备份策略时，工程师需要明确数据保留的期限和相关的管理流程。

2. 灾难恢复计划

灾难恢复计划的制订是基于对系统关键组件和业务流程的全面理解和分析。工程师需要识别和评估系统中的关键风险和潜在故障点，包括硬件设备的故障、软件系统的错误、自然灾害和人为错误等各种可能导致系统中断的因素。通过对系统架构和运行流程的深入分析，制定出能够有效应对各种灾难事件的详细应急预案和恢复策略。

确保每个团队成员都清楚自己在灾难事件发生时的任务和职责，包括紧急响应、系统恢复、数据恢复和通信协调等方面。有效的沟通和协作是保障计划顺利执行的关键因素，团队成员需要定期进行培训和演练，以确保能够快速、高效地应对各种突发情况。工程师需要采取措施确保关键数据的备份和恢复能力。定期备份数据，并将备份数据存储在安全可靠的地方，如云端或离线存储设备，以防止单点故障和数据丢失风险的发生。同时，对备份数据进行定期测试和验证，确保其完整性和可恢复性，以便在需要时能够快速恢复数据并维护业务的连续性。减少停机时间和业务中断风险是灾难恢复计划的另一重要目标。采用负载均衡和高可用性架构，可以确保即使在部分系统组件或节点故障时，系统仍能够继续运行。此外，预留备用设备和应急资源，以支持快速替换和修复关键设备，进一步降低系统中断的风险。

随着技术和业务环境的变化，工程师需要定期审查和更新灾难恢复计划，以反映新的风险因素和最佳实践。持续地演练和模拟灾难事件，可以帮助团队发现潜在的问题和改进空间，进而提高计划的响应速度。

第 8 章　软件维护与更新

软件维护与更新在现代轮机工程中起着至关重要的作用。通过持续的维护和及时的更新，工程师能够确保系统的安全性、稳定性和高效性，为船舶的安全运行提供坚实保障。定期的软件更新不仅提升了系统的性能和功能，还确保了系统在面对不断变化的技术和业务环境时，始终具备强大的适应能力和竞争力。

软件维护的重要性与策略

一、重要性

（一）确保系统稳定性和可靠性

在轮机工程软件开发中，确保系统的稳定性和可靠性是至关重要的任务。这不仅是技术上的要求，更是为了保障经济效益和人员安全的必要措施。轮机系统的长时间运行要求软件具备卓越的稳定性。系统在运行过程中，任何微小的故障都可能导致整个系统停机，进而引发连锁反应，影响船舶的正常运行。为此，开发人员必须在软件设计和编码阶段严格遵循最佳实践，以确保代码的健壮性和可靠性。

维护过程中及时发现并修复软件缺陷是确保系统可靠性的关键环节。在软件的生命周期中，维护是不可避免的任务。定期进行系统检查和测试，及时发现潜在的问题和缺陷，并迅速进行修复，是防止小问题演变成大故障的有效手段。这不仅可以减少系统停机的风险，还能提高系统的整体可靠性和用户满意度。实施完善的监控和日志记录机制也是保证系统稳定性的重要手段。通过实时监控系统的运行状态，及时记录和分析系统日志，可以预警和诊断潜在问题，提前采取措施从而避免故障的发生。例如，在轮机系统中，监控发动机的运行参数、燃料消耗和温度变化等关键指标，可以帮助运维人员及时发现异常情况，并采取相应的预防措施。

（二）性能优化

1. 提高效率

随着技术的不断进步和用户需求的增长，优化代码和系统配置已成为提高软件效率的关键手段。优化代码可以通过多种方式实现，包括改进算法和数据结构的选择，以减少资源消耗和提高执行效率。例如，采用更高效的排序算法、使用缓存机制来减少重复计算，或者优化数据库查询以提高数据检索速度。通过精确分析和调整代码，可以显著减少不必要的资源浪费，从而提升整体系统的性能表现。系统配置包括硬件和软件的优化。例如，优化服务器的配置参数、调整数据库的索引和缓存设置，以及合理分配系统资源等。在轮机工程软件中，系统可能需要处理大量的数据和复杂的计算任务，因此优化系统配置可以显著改善软件的响应速度和稳定性，提高用户体验和操作效率。持续监控和性能测试是确保软件高效运行的关键步骤。通过实时监控系统的运行状态和性能指标，可以及时发现潜在的“瓶颈”和性能“瓶颈”。定期进行性能测试和负载测试，评估系统在不同负载条件下的表现，帮助开发团队调整和优化系统设计和实现，以满足用户对高性能和稳定性的需求。

2. 资源利用

随着计算需求的增长和环境保护意识的提升，资源管理已经成为软件工程师和系统管理员关注的重点。特别是在需要长期稳定运行的系统中，如轮机工程软件，有效的资源管理不仅能够提升系统性能，还能显著降低运营成本和对环境造成的影响。

优化资源管理的一个重要方面是提高硬件资源的利用效率。通过合理的资源分配和调度，可以最大限度地利用现有硬件资源，避免资源浪费。例如，在服务器集群中，负载均衡技术能够将工作负载均匀分布到各个服务器上，防止某些服务器过载而其他服务器空闲。这种方法不仅提高了系统的整体效率，还能够延长硬件的使用寿命，减少不必要的硬件更换成本。

软件层面的优化也是实现资源管理的关键。通过优化代码和数据结构，减少不必要的计算和存储开销，可以显著降低系统的能耗。另外，虚拟化和容器技术的应用也为资源优化提供了新的途径。通过虚拟化，可以在同一物理服务器上运行多个虚拟机，每个虚拟机独立运行不同的应用程序，从而提高硬件资源的利用率。容器技术则提供了更轻量级的虚拟化解决方案，使得应用程序可以在隔离的环境中运行，进一步减少资源消耗和管理开销。定期监控和调整系统配置是确保资源优化的持续过程。通过实时监控系统的性能和资源使用情况，可以及时发现资源浪费和性能“瓶颈”，并采取相应的优化措施。

（三）安全防护

1. 漏洞修补

在软件开发和维护过程中，及时修补漏洞是防止黑客攻击的第一道防线。黑客通常会利用已知的漏洞进行攻击，获取未经授权的访问权限，进而窃取敏感数据或破坏系统功能。一旦发现漏洞，开发团队应立即评估其风险等级和影响范围，迅速制订修补计划。通过快速响应和及时修补，可以有效阻断黑客的攻击路径，保障系统的安全性和稳定性。

未修补的漏洞可能被黑客利用，导致大量敏感数据被窃取，如用户个人信息、财务数据和商业机密等。数据泄漏不仅会对企业声誉造成严重损害，还可能引发法律诉讼和巨额罚款。通过定期扫描系统和应用程序，发现并修补漏洞，企业可以显著降低数据泄漏的风险，保护客户和公司的核心利益。定期进行安全评估和漏洞扫描，及时修补发现的问题，不仅能够提高系统的安全性，还能增强客户和合作伙伴的信任度。企业通过展示其在安全管理上的严谨态度和高效能力，可以在竞争激烈的市场中获得更多的认可和支持。

在实施漏洞修补过程中，团队协作和自动化工具的使用是提高效率的重要手段。安全团队、开发团队和运维团队需要密切合作，共同制订和执行修补计划。同时，利用自动化漏洞管理工具，可以提高漏洞发现和修补的速度，减少人为错误，确保每一个漏洞都能得到及时有效的处理。

2. 合规要求

在当今高度监管和全球化的商业环境中，满足行业和法律法规的安全合规要求是每个企业和组织必须面对的重大责任。这不仅关系到企业的运营合法性和声誉，更涉及客户数据的保护和信任的维系。

各国政府和行业组织制定了各种法规和标准，如《通用数据保护条例》（GDPR）、《健康保险可携性和责任法案》（HIPAA）、《支付卡行业数据安全标准》（PCI DSS）等，旨在保护用户数据和隐私，确保信息系统的安全。企业必须全面了解并遵守这些法规，进行合规性评估和整改，以避免因违规而受到法律制裁和巨额罚款。这不仅是履行法律义务，更是对客户和社会负责的表现。

在信息化时代，客户越来越关注自身数据的安全性和隐私保护。如果企业能够展示其对安全合规的高度重视和严格执行，将大幅提升客户的信任度和满意度。合规要求通常涉及数据保护、风险管理、访问控制、审计和监控等多个方面。通过落实这些要求，企业可以建立更加规范和高效的管理体系，提升信息系统的安全性和可靠性。例如，实施严格的访问控制和数据加密措施，可以防止未经授权的访问和数据泄漏；定期的审计和监控，可以及时发现和处置潜在的安全隐患。合规性管理不仅能够降低运营风险，还能提高整体业务流程的效率和质量。信息安全和隐私保护不仅是法律和行业的要求，更是企业应尽的社会责任。通过遵守安全合规要求，企业可以为营造一个安全可信的数字环境贡献力量，推动整个行业的健康发展。企业在追求商业成功的同时，也应当关注并履行其社会责任，才能赢得社会的尊重和信赖。

（四）适应新需求

1. 需求收集与分析

定期沟通，团队能够与利益相关者保持紧密联系，及时了解业务发展的新动态和变更需求。这种沟通不仅限于简单的需求列表，更包括背后的业务目标、战略方向以及对系统功能和性能的期望。利益相关者的反馈和见解有助于团队更全面地理解项目的上下文，从而有效地调整和优化需求的优先级和实现方式。

深入分析和理解新需求的背景和业务目标是确保开发团队理解清楚问题本质的重要步骤。通过与利益相关者和业务专家的深入讨论，团队可以识别和澄清需求中的歧义或矛盾，确保后续开发过程中的方向一致性和业务目标的对齐性。这种深入分析不仅能帮助避免后期的修改和重做，还能提高系统设计和实现的效率和质量。

2. 功能扩展

在软件开发的过程中，功能扩展涵盖了多个方面。首先根据用户需求收集和分析，开发团队需要与客户和利益相关者保持紧密的沟通和反馈机制。

这种沟通不仅限于简单的需求收集，还包括深入理解业务需求和目标，以确保新功能的开发能够真正解决用户的实际问题，并且对整体系统架构和性能没有负面影响。功能扩展还涉及现有功能的改进和优化。通过分析用户的使用反馈和市场竞争情况，团队可以识别出现有功能的短板和改进空间，从而进行相应的优化工作。这种持续的改进过程不仅有助于提升用户体验，还能够增强系统的稳定性和可靠性。

功能扩展也需要考虑技术架构的灵活性和可扩展性。在设计和实现新功能时，团队应当采用模块化和微服务等现代架构模式，以确保新功能可以独立开发、测试和部署，同时不影响系统的其他部分。这种架构设计不仅有助于快速响应变化，还能够减少系统的复杂性和维护成本。

3. 技术更新

在当今数字化和全球化的环境中，技术更新不仅是软件开发的必然趋势，更是保持系统竞争力和市场地位的关键策略。技术更新意味着团队需要保持对技术领域最新发展的敏感性和洞察力。通过跟踪和分析新技术的发展趋势，开发团队能够及时了解到可能的创新机会和解决方案，从而优化现有系统或开发新的功能。这种敏锐的技术感知不仅限于软件开发领域，还包括硬件设备、网络架构以及安全防护技术的进步。

随着业务需求的变化和用户期望的提升，旧有的技术可能无法有效支持系统的新功能和性能需求。因此，对于已经过时或存在安全漏洞的技术，团队需要有计划地进行更新和替换，以确保系统在功能和性能上能够与竞争对手保持一致甚至领先。技术更新也是应对快速变化市场和竞争环境的关键策略。通过采用最新的技术，系统不仅能够提升用户体验和操作效率，还能够降低运维成本和系统发生故障的风险。例如，采用云计算、人工智能和大数据分析等先进技术，可以为企业带来更灵活、更智能的解决方案，从而赢得市场份额和客户信任。

二、维护策略

全面且有效的维护策略是确保系统稳定性和持续发展的关键。通过预防性维护、应急响应计划、持续优化和改进、培训和知识管理以及与用户的有效沟通，团队可以实现系统的高效维护，确保其长期稳定运行和用户满意度。只有不断完善和实施这些维护策略，系统才能在快速变化的技术环境中保持竞争力和生命力，以满足业务和用户的不断变化的需求。

（一）预防性维护

1. 定期检查和更新

定期检查和更新系统状态是确保软件和信息系统长期稳定运行的关键措施。在信息技术日新月异的时代，系统必须不断进行自我审视和优化，才能适应日益复杂的用户需求和快速变化的业务环境。定期检查不仅可以发现潜在问题和隐患，还能够通过及时更新和优化，提升系统的性能和可靠性，确保其在竞争激烈的市场中保持领先地位。

在系统运行过程中，各种硬件和软件组件可能会逐渐老化或出现故障，导致性能下降或安全漏洞。通过定期检查，团队可以及时识别这些潜在的问题，进行预防性维护和修复，避免小问题演变成重大故障。此外，定期检查还可以帮助团队了解系统的实际运行状态和资源使用情况，从而为后续的优化和扩展提供依据。

随着技术的不断发展和业务需求的变化，系统中的某些组件和技术可能会逐渐过时或不再适用。通过定期更新，团队可以引入最新的技术和解决方案，提升系统的性能、稳定性和安全性。定期检查和更新还可以提高团队的管理水平和协作效率。在实施定期检查和更新的过程中，团队需要制订详细的计划和流程，明确各项任务的责任人和时间节点。这不仅有助于提升团队的组织和协调能力，还能通过总结和反思，持续改进工作方法和技术水平。另外，定期检查和更新体现了企业对用户和业务的高度重视和承诺。在信息化时代，用户对系统的稳定性和安全性有着极高的期望。通过定期检查和更新，企业可以向用户展示其对系统维护和优化的重视程度，增强用户的信任和满意度。同时，这也能够提升企业的市场竞争力和品牌形象，为其在激烈的市场竞争中赢得更多机会和支持。

2. 日志分析

日志分析是确保信息系统稳定运行和持续优化的重要手段。通过深入分析系统日志，团队可以及时发现和预防潜在问题，提升系统性能，增强安全防护，并优化用户体验。在快速变化的技术环境中，持续的日志分析和改进是保持系统竞争力和长寿命的关键策略。只有通过有效的日志分析，团队才能实现对系统运行状态的全面了解和精准控制，并确保系统在高效、安全、稳定的状态下运行，满足业务需求和用户期望。

3. 自动化脚本

自动化脚本能够极大地提高系统管理的效率。传统的手动检查和更新任务往往耗时费力，且容易出现遗漏和错误。通过编写和部署自动化脚本，这些任务可以在预定的时间自动执行，确保所有的检查和更新工作按时完成。手动操作容易受到操作人员的经验和状态影响，可能导致配置错误或步骤遗漏。自动化脚本则会严格按照预设的指令和流程执行任务，确保每次操作都准确无误。例如，Puppet 可以同时管理成千上万台服务器的配置，确保它们在任何时候都保持一致。如果某台服务器出现配置偏差，Puppet 会自动修正，恢复其到标准状态，避免人为因素导致的系统不一致性和潜在故障。

定期的安全检查和更新是防止系统受到攻击和漏洞利用的重要措施。自动化脚本可以定期扫描系统中的安全漏洞、更新安全补丁、配置防火墙规则等，确保系统始终处于安全状态。自动化脚本还支持快速响应和恢复。在系统出现问题时，自动化脚本可以迅速执行预定义的故障排除和恢复任务，减少系统停机时间和业务影响。在实施自动化脚本时，选择合适的工具和编写高质量的脚本是关键。Ansible、Puppet 等工具提供了强大的功能和灵活性，支持多平台和多环境的自动化管理。在编写自动化脚本时，团队需要详细规划每个任务的执行步骤，确保脚本的正确性和可维护性。定期审查和优化脚本，适应业务需求和技术环境的变化，也是确保自动化效果的必要措施。

4. 监控系统

实时监控系统状态和性能指标有助于及时发现和预防潜在问题。在一个复杂的系统中，各种硬件和软件组件可能会出现故障或性能下降。通过部署 Prometheus 这样的监控工具，团队可以实时收集和分析系统各项指标，当某些指标超出预设阈值时，监控系统可以自动发送警报通知相关人员，使他们能够迅速采取措施，避免小问题演变成严重故障。

监控系统提供的数据和报告对性能优化至关重要。通过 Grafana 等可视化工具，团队可以将复杂的监控数据转化为直观的图表和仪表盘，并帮助他们深入分析系统性能和资源使用情况。实时监控系统的安全事件和访问日志，可以帮助团队及时发现和应对潜在的安全威胁。此外，监控系统还支持业务连续性和应急响应。在系统出现故障或性能下降时，监控系统能够提供详尽的故障信息和历史数据，帮助团队快速定位问题根源并采取恢复措施。

部署和维护监控系统需要团队具备一定的技术能力和经验。选择合适的监控工具和框架是成功的关键。Prometheus 以其强大的数据收集和查询能力，以及与 Kubernetes 等现代基础设施的良好集成，成为众多企业的首选。而 Grafana 则以其灵活的可视化能力和广泛的插件支持，提供了丰富的监控数据展示和分析功能。团队在部署监控系统时，需要根据自身需求和环境特点，制定详细的监控策略和配置方案，从而确保监控系统的高效运行和数据的准确性。

（二）纠正性维护

1. 问题诊断和分析

在系统出现问题后，首先需要进行详细的问题诊断和分析。这包括收集和审查故障日志、性能数据和用户反馈，以确定问题的根本原因。通过工具和技术手段，如日志分析、性能监控和调试工具，团队可以精确定位故障源头。问题诊断和分析阶段的目标是为了全面了解问题的性质和影响范围，为制订有效的解决方案奠定基础。

2. 修复和测试

在确定问题的根本原因后，团队需要制定并实施修复措施。这可能包括代码修正、配置调整、硬件更换或其他必要的操作。修复完成后，必须进行全面的测试，以验证问题是否得到解决，并确保修复不会引入新的问题。测试阶段通常包括单元测试、集成测试和用户验收测试，要确保系统在修复后能够稳定运行，满足所有功能和性能要求。

3. 系统恢复

修复并测试完成后，团队需要将修复后的系统重新投入生产环境。这可能涉及系统重启、数据恢复、服务重新上线等操作。系统恢复过程中，要密切监控系统运行状态，确保恢复过程顺利进行，并及时应对可能出现的任何异常情况。系统恢复的目标是将系统恢复到正常运行状态，最小化停机时间和业务影响。

4. 根本原因分析和改进

在系统恢复正常运行后，团队需要进行根本原因分析（Root Cause Analysis， RCA），以彻底了解问题发生的深层次原因，并采取预防措施避免类似问题再次发生。这可能包括改进开发流程、更新系统文档、增强监控和报警机制等。根本原因分析和改进的目的是通过持续优化和改进，提升系统的稳定性和可靠性，减少未来的故障发生率。

（三）改进性维护

1. 功能增强

功能增强是软件开发中的一个持续过程，旨在根据用户需求和技术进步，改进和扩展软件的功能。通过与用户积极互动，收集和分析用户的反馈意见和需求，软件开发团队能够深入了解用户的实际使用情况和期望。这种直接的沟通和反馈机制帮助开发团队优先考虑和实现最有价值的功能改进，从而提升用户的满意度和忠诚度。

随着人工智能（AI）、机器学习（ML）、大数据分析和云计算等技术的不断发展，软件开发者可以利用这些技术创新，引入更智能化的自动化功能、预测性分析、实时数据处理以及可扩展性的提升。功能增强还包括对现有功能的持续改进。这包括优化性能、改进用户界面（UI）和用户体验（UX）、加强安全措施，以及确保与不断变化的硬件和软件环境兼容。另外，适应市场变化和客户期望的能力也是功能增强的重要组成部分。通过灵活应对市场趋势、法规变化和竞争压力，软件开发者可以及时调整开发路线图，满足新的需求，并始终保持竞争优势。

2. 性能优化

性能优化需要通过系统性能测试工具进行全面评估。这些工具能够量化系统在不同负载和条件下的性能表现，如响应时间、吞吐量和资源利用率等。通过详细的性能测试分析，开发团队可以识别系统中的“瓶颈”和性能“瓶颈”，为后续优化提供依据和重点。在代码级别，开发团队可以通过优化算法和数据结构、减少资源消耗、优化查询语句等手段来提升代码执行效率。数据库优化则涉及索引优化、查询优化、事务管理等，以减少数据库负载和提高数据访问速度。

系统配置优化也是性能优化的重要组成部分。通过调整和优化服务器硬件配置、操作系统参数设置和网络配置，可以有效提升系统整体的稳定性和性能表现。例如，通过负载均衡、缓存技术和分布式架构等方式，能够分担系统压力并提高响应能力。开发团队需要建立有效的监控机制，实时监测系统的性能指标和资源利用情况。基于监控数据，及时识别并响应性能问题，采取相应的优化措施，以确保系统能够稳定运行并满足用户需求。

3. 需求管理工具

需求管理工具能够系统化地收集和整理需求。这些工具提供了一个集中的平台，使团队成员可以方便地提交和记录需求，无论是通过用户反馈、市场调研，还是团队内部的头脑风暴。需求管理工具通常支持多种输入方式，包括文字描述、图片、视频等，确保需求的全面性和准确性。此外，这些工具还允许对需求进行分类和优先级排序，使得团队能够更清晰地了解哪些需求最为重要和紧急，从而合理安排开发资源。通过使用这些工具，团队可以实时跟踪需求的状态，从需求的提出、分析、设计到开发、测试、发布，每一个阶段都可以详细记录和追踪。这不仅提高了需求管理的透明度，也使得项目经理和团队成员能够随时了解需求的进展情况，及时发现和解决问题，避免需求被遗漏或拖延。

需求管理工具还提供了丰富的数据分析和报表功能。通过这些功能，团队可以生成各类报表和图表，分析需求的变化趋势、处理效率、完成情况等。这些数据分析结果，不仅可以帮助团队更好地理解和优化需求管理流程，还可以为决策提供有力的支持。需求管理工具的使用，对于项目的风险控制也有重要意义。通过详细记录和跟踪每一个需求，团队可以及时发现和应对潜在的风险。

（四）适应性维护

1. 环境适应

适应新的硬件环境对于软件的持续运作至关重要。硬件技术不断进步，新的处理器、存储设备和传感器的性能和功能也要不断增强，才能够为软件提供更强大的计算能力和更大的存储空间。然而，这也要求软件必须具备良好的兼容性和扩展性，能够充分利用新硬件的优势。

操作系统的更新往往会带来新的功能和安全特性，能够更好地保护软件和用户数据免受恶意攻击和漏洞利用。为了确保软件能够在新的操作系统版本上顺利运行，开发团队需要密切关注操作系统的更新动态，及时进行兼容性测试和调整。

随着网络技术的发展，网络环境变得更加复杂和多样化，软件需要能够在不同的网络条件下稳定运行。例如，在船舶运行过程中，网络连接可能会时断时续，带宽和延迟也会有较大波动。为了应对这些挑战，软件需要具备强大的网络适应能力，能够在网络环境变化时保持数据传输的可靠性和实时性。通过实现断点续传、数据压缩和加密等技术，可以有效提高网络传输的效率和安全性。此外，软件还需要支持多种网络协议和连接方式，能够在不同网络环境下灵活切换，以确保数据传输的连续性和稳定性。

2. 兼容性测试

随着硬件技术的不断发展，各种新型处理器、存储设备和传感器层出不穷，这些新硬件往往具有更高的性能和更多的功能。然而，软件必须能够兼容这些新硬件，才能充分利用它们的优势。硬件兼容性测试包括在不同品牌和型号的计算机、不同架构的处理器（如 x86、ARM）以及不同的外部设备上运行软件，从而确保软件能够与各种硬件设备正常交互。

不同的操作系统具有不同的内核结构、API 和安全机制，软件在不同操作系统上运行时，可能会遇到各种兼容性问题。操作系统兼容性测试包括在不同版本的 Windows、Linux、macOS 等操作系统上运行软件，确保其能够正确安装、配置和运行。在轮机工程中，船舶通常处于复杂的网络环境中，网络连接可能会时断时续，带宽和延迟也会有较大波动。网络兼容性测试包括在不同的网络条件下运行软件，确保其能够稳定传输数据。

为了实现全面的兼容性测试，开发团队需要采用系统化的测试方法和工具。制订详细的测试计划，明确测试目标、测试环境和测试步骤，能确保测试的全面性和系统性。利用自动化测试工具，可以提高测试效率和覆盖率，减少人工操作的错误和遗漏。自动化测试工具可以模拟各种硬件、操作系统和网络环境，自动执行测试脚本，快速发现并报告兼容性问题。最后，测试过程中需要保持与硬件供应商、操作系统厂商和网络服务提供商的密切合作，及时获取技术支持和更新信息，确保测试的准确性和及时性。

3. 技术评估

定期技术评估能够确保系统的安全性。随着科技的发展，新型的网络攻击手段层出不穷，而旧有的技术栈可能存在许多已知的安全漏洞。通过定期评估，可以及时发现并修复这些漏洞，从而提高系统的整体安全性。随着时间推移，硬件和软件技术都在不断进步，新技术往往能够提供更高的性能和更好的稳定性。

旧有的技术栈可能不再适应当前的开发需求和团队技能，而新技术往往能够提供更高效的开发工具和更友好的开发体验。技术评估还能够确保系统的可扩展性和灵活性。随着业务需求的不断变化，系统需要能够快速响应并适应新的需求。旧有的技术栈可能在扩展性和灵活性方面存在局限，难以支持新的功能和特性。通过技术评估，开发团队可以识别出技术栈中的“瓶颈”和限制，规划和实施必要的技术更新，确保系统能够灵活扩展，快速适应业务需求的变化。

（五）安全维护

1. 安全审计

定期安全审计能够识别和修复系统中的安全漏洞。随着时间的推移，软件和硬件都会出现新的安全漏洞，这些漏洞可能被黑客利用，导致系统受到攻击。通过定期安全审计，专业的安全团队可以对系统进行全面检查，使用各种安全工具和技术手段，可以发现系统中存在的安全漏洞并及时修复。系统的安全性不仅依赖硬件和软件本身，还取决于安全策略和管理措施的有效性。定期安全审计可以全面评估系统的安全策略，包括访问控制、数据加密、身份验证等方面的措施，检查这些措施是否符合最新的安全标准和最佳实践。

安全审计还可以帮助企业和组织满足合规要求。在许多行业中，法规和标准对系统安全性有严格的要求，如金融行业的 PCI DSS、医疗行业的 HIPAA 等。定期安全审计可以确保系统符合这些法规和标准，避免因安全问题导致的法律风险和经济损失。在安全审计过程中，安全团队通常会与系统开发和运维人员进行深入交流，分享安全知识和经验。这不仅有助于增强员工的安全意识，还能提升他们的安全技能，使其在日常工作中能够主动识别和应对安全威胁。

2. 安全扫描工具

在现代信息技术环境中，确保系统的安全性至关重要。使用安全扫描工具定期扫描系统漏洞是保持系统稳健和防御网络攻击的关键措施。通过定期扫描，工具能够检测到操作系统、应用程序和网络设备中的安全漏洞，这些漏洞可能会被黑客利用进行攻击。人工检测漏洞不仅耗时耗力，而且容易遗漏问题。安全扫描工具通过预定义的规则和数据库，可以快速、全面地扫描系统的各个部分，并提供详细的漏洞报告。

定期扫描还能够帮助企业满足合规性要求。许多行业法规和标准，如 PCI DSS、ISO 27001、HIPAA 等，都要求企业定期进行安全扫描，确保系统符合安全标准和规定。通过使用安全扫描工具，企业可以生成详细的扫描报告，证明其遵循了相关的安全规范，从而避免因不合规带来的法律和经济风险。此外，安全扫描工具还能提升企业的安全防护能力。通过分析扫描结果，企业可以了解系统中存在的安全弱点，采取有针对性的措施进行防护。在实际操作中，选择合适的安全扫描工具至关重要。不同的工具具有不同的功能和特点，企业需要根据自身的需求和环境选择最合适的工具。

3. 安全政策

了解系统面临的各种安全威胁和漏洞，是制定有效安全政策的前提。企业需要对其信息系统进行详细的安全评估，识别潜在的风险点，评估其可能的影响和发生的概率。安全政策需要明确具体的安全标准和规范。包括密码管理、访问控制、数据保护、应急响应等方面的具体要求。

在实际实施过程中，安全政策的执行和监控至关重要。企业需要建立相应的管理机制和流程，确保安全政策得到严格执行。例如，定期进行安全审计和检查，评估安全政策的执行效果，发现并纠正执行过程中的问题和不足。通过安全监控系统，实时监测系统的运行状态和安全事件，及时响应和处理安全威胁。此外，企业还应组织定期的安全培训和演练，增强员工的安全意识和应急处理能力，确保安全政策在实际工作中得到有效落实。同时，安全政策的制定和实施需要考虑合规性要求。不同的国家和地区、不同的行业和领域，往往有不同的安全法规和标准，企业在制定安全政策时，必须遵循相关的法律法规和行业标准，以确保系统的安全措施符合合规性要求。

安全政策还需要具有灵活性和可扩展性。随着技术的发展和业务的变化，系统面临的安全威胁和需求也在不断变化。企业应定期回顾和更新安全政策，及时调整和补充新的安全措施。安全政策不仅是 IT 部门的职责，更是全体员工共同遵守和维护的规范。企业应通过多种途径宣传和推广安全政策，增强全员的安全意识和责任感。

轮机工程中软件更新与升级的管理方法

轮机工程中软件更新与升级的管理是一个系统化、复杂性高的过程。通过科学的需求分析、详细的计划制订、严格的安全管理、有效的监控和验证、全面的培训和文档管理，以及充分考虑系统的兼容性和扩展性，确保软件更新与升级能够顺利进行，进而保障船舶系统的安全性、可靠性和高效运行。这不仅提高了系统的性能和功能，也为船员的操作和管理提供了更大的便利和保障。

一、计划与准备

（一）制定更新策略

制定更新策略在轮机工程中是确保软件系统稳定运行和持续优化的关键环节。定义不同类型的更新及其相应的流程是确保更新策略有效实施的核心。一般来说，软件更新可以分为补丁（Patch）、此版本更新（Minor Update）和主要版本更新（Major Update）。补丁通常用于修复 bug 和安全漏洞，这类更新频率较高，影响较小，且需要快速响应和发布。此版本更新则包括新功能的引入和性能的优化，这类更新需要经过充分的测试和验证，以确保系统的稳定性。主要版本更新涉及重大改动和新特性的全面引入，通常需要较长的开发周期和全面的测试，并在发布前进行广泛的用户培训和文档更新。

在制定更新流程时，需要考虑每一种更新类型的具体步骤和责任人。补丁更新通常由技术支持团队在发现问题后立即进行评估和修复，经过内部测试和验证后快速发布。而这次此版本更新和主要版本更新则需要经过需求分析、开发测试、用户验证等多个环节，每个环节都应有明确的时间安排和责任人，以确保更新过程有序进行。在进行任何更新之前，必须先进行全面的安全评估，确保更新包不包含恶意代码或其他安全隐患。特别是对于主要版本更新，需要进行更为严格的安全测试和验证，防止因更新而引入新的安全漏洞。同时，更新过程中的数据传输和系统配置变更必须采用安全协议（如 HTTPS、SSL/TLS）进行加密，以保护数据的机密性和完整性。

技术支持团队和用户需要接受相关的培训，了解更新策略和具体的操作流程，掌握必要的故障排除和应急处理技能。同时，编写详细的文档，包括版本发布说明、更新步骤、操作指南、常见问题及解决方案等，为用户提供参考和支持。这些文档不仅会帮助新用户快速上手，也为出现问题时的快速解决提供了依据。

随着技术的发展和业务需求的变化，软件系统和更新策略也需要不断调整和优化。通过定期回顾和分析更新过程中的问题和反馈，不断改进更新策略和流程，提高更新的效率和质量，确保软件系统能够持续稳定运行，满足业务需求和用户期望。

（二）风险评估

1. 风险分析

在进行更新前，需要全面评估更新可能带来的风险。不同类型的更新可能涉及不同层面的风险。此版本更新通常包含新功能和性能优化，这类更新不仅需要评估新功能的可靠性和兼容性，还需要评估性能优化是否会对系统其他部分产生不良影响。主要版本更新往往会带来较大的代码改动，甚至涉及数据库架构的调整，这类变更对系统的影响是全方位的。因此，在进行主要版本更新前，需要进行深度的风险分析，包括系统架构评审、代码审查、安全评估和性能测试。特别是在轮机工程这样的关键系统中，任何不慎的更新都可能导致严重的后果，如系统瘫痪、数据丢失甚至影响船舶运营安全。

除了技术层面的风险，更新过程中还需评估操作风险和人为因素带来的风险。更新过程中的操作失误、配置错误或不充分的测试都可能导致更新失败或引发系统问题。因此，必须制定详细的更新流程和步骤，包括软件安装、配置、启动和验证等环节，确保每个步骤都有明确的责任人和时间安排，是降低操作风险的重要措施。同时，借助自动化工具（如Ansible、Chef、Puppet等）实现软件的自动化部署和配置，可以有效减少人工操作错误，提高更新的准确性和效率。即使经过详尽的测试和准备，也无法完全排除更新失败的可能性。因此，必须制订清晰的回滚计划和策略，当部署出现问题时能够快速恢复到稳定版本，最小化系统停机时间和数据损失。通过版本控制系统（如Git）管理软件的版本和代码变更，确保每一次部署都有可追溯的历史记录，可以在需要时迅速回滚到之前的版本，保证系统的连续性和稳定性。

在风险分析过程中，还需要评估更新对系统性能和用户体验的影响。系统性能的下降或用户体验的恶化都可能对业务运营产生负面影响。最后，风险分析不仅是更新前的准备工作，还需要贯穿整个更新过程和后续的监控管理。通过部署监控系统监视软件系统的运行状态、性能指标和异常情况，及时发现并响应问题，可以有效降低更新后的风险。配置警报机制，当系统性能下降或发生故障时能够及时通知相关人员，以便快速响应和修复。

2. 应急计划

在轮机工程等关键系统中，软件更新的成功与否直接关系到系统的稳定性和业务的正常运行。因此，制订详细的应急计划，确保在更新失败时能够快速回滚和恢复系统，是确保系统安全和稳定运行的关键。通过明确关键组

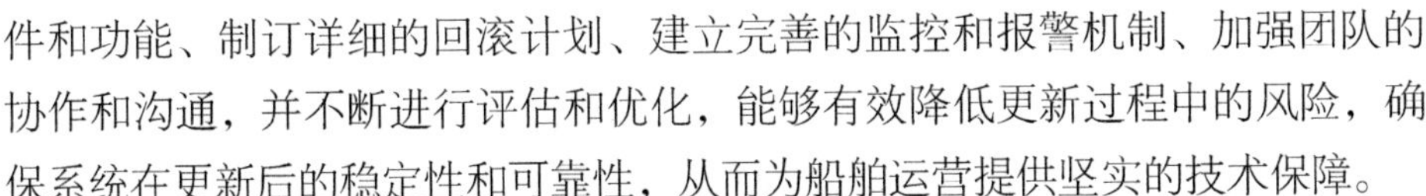

件和功能、制订详细的回滚计划、建立完善的监控和报警机制、加强团队的协作和沟通，并不断进行评估和优化，能够有效降低更新过程中的风险，确保系统在更新后的稳定性和可靠性，从而为船舶运营提供坚实的技术保障。

（三）资源准备

在实施软件更新和升级的过程中，资源准备是确保更新顺利进行的关键。开发环境的准备至关重要。在这个环境中，开发人员可以编写和修改代码，并进行初步的功能测试。开发环境需要与生产环境保持尽可能的一致，以便开发人员能够预见在生产环境中可能遇到的问题。这种一致性不仅包括操作系统和硬件配置，还包括软件库、依赖项和配置文件等。为了确保开发环境的稳定性和可用性，应该采用虚拟化技术或容器化技术，如 Docker，这样可以快速部署和重建环境，并减少人为配置错误。

测试环境用于进行功能测试、性能测试和回归测试，以确保新版本的软件在投入生产之前是稳定和高效。预生产环境的设置应与生产环境完全一致，包括硬件配置、网络设置和数据分布等。在预生产环境中，团队可以进行全系统的综合测试，确保所有模块和组件能够在生产环境下无缝协同工作。预生产环境还可以用来进行用户验收测试（UAT），邀请最终用户参与测试，收集他们的反馈并进行最后的调整。生产环境的稳定性和安全性至关重要，因此在进行更新之前，必须确保所有的准备工作已经完成，包括备份数据、通知用户和相关人员等。生产环境的更新应当在低峰期进行，以尽量减少对业务运营的影响。

确保相关人员了解更新计划和具体任务，也是资源准备过程中不可或缺的一部分。运维人员则需要了解更新的部署计划和具体步骤，包括备份、部署、验证和回滚等环节。他们需要准备好所需的工具和脚本，以确保更新过程的顺利进行。为了确保整个更新过程的顺利进行，资源准备还需要包括对所有相关人员的培训和支持。通过培训，确保所有人员都具备必要的知识和技能，能够在更新过程中各司其职，协同合作。此外，还可以通过模拟演练的方式，提前发现和解决潜在的问题，提高团队的应急响应能力。

二、测试与验证

（一）开发与集成测试

开发与集成测试是软件开发生命周期中不可或缺的环节，通过确保每个功能模块的独立测试和各模块间的集成测试，可以有效保证软件系统的功能性和稳定性。通过科学的测试方法和工具，详细的测试计划和文档，以及紧密的团队合作和持续改进，开发团队可以在保证软件质量的同时，提高开发效率和用户满意度。这不仅为用户提供了高质量的产品体验，也为软件的长期稳定运行奠定了坚实的基础。

（二）系统与回归测试

1. 系统测试

在预生产环境中进行系统测试是确保软件系统在实际运行中稳定、高效和安全的关键环节。通过全面的功能测试、性能测试、稳定性测试、错误和异常处理测试以及安全性测试，测试团队可以发现和解决系统中的潜在问题，确保系统能够在各种使用场景和异常情况下正常运行。科学的测试计划和策略、紧密的团队协作和及时的反馈机制，是保证系统测试成功的关键因素。系统测试的最终目标是为用户提供高质量的软件产品，从而提升用户满意度和系统的可靠性。

2. 回归测试

回归测试是软件质量保障体系中的重要环节，其目的是确保软件更新后的稳定性和可靠性，避免新问题的引入和旧功能的破坏。通过制订详细的测试计划和策略，设计全面的测试用例，借助自动化测试工具，以及加强团队协作，可以有效地提高回归测试的效率，保障软件的高质量交付和持续改进。回归测试不仅是软件开发和维护的必要手段，更是提升用户满意度和系统稳定性的关键保障。

（三）用户验收测试

1. 实际使用场景

模拟真实使用场景在软件开发和测试中具有重要意义。通过深入理解用户需求、评估系统性能和稳定性、提高安全性和用户体验，开发团队可以确保软件在实际使用中表现出色，满足用户和业务的各种要求。借助先进的工具和技术，团队可以更高效、更准确地进行测试和优化，不断提高软件的质量和用户满意度。模拟真实使用场景不仅是确保软件成功的重要手段，也是提升用户价值和竞争优势的关键策略。

2. 用户反馈

用户反馈在软件开发和维护过程中具有不可替代的价值。通过收集和分析用户反馈，开发团队可以了解软件在实际使用中的表现，识别和满足用户的实际需求，发现改进和创新的机会，不断提高软件的质量和用户满意度。高效的反馈收集和处理机制，以及与用户的密切沟通，是确保软件成功和持续改进的关键因素。

三、部署与发布

（一）选择部署方法

把一个软件更新成功地部署到生产环境，不仅需要技术实施，还需要一个明智而周密的部署策略。在选择适合的部署方法时，关键在于确保新的更新在生产环境中能够安全、有效地运行，同时尽可能减少对系统的影响和风险。

采用双生产环境部署方法。这种方法中，系统维护两个相同的生产环境：一个称为“蓝色”环境（Blue Environment），另一个称为“绿色”环境（Green Environment）。通常情况下，“蓝色”环境是当前正在运行的主要生产环境，而“绿色”环境则用于部署新的更新。这样的设置使得在更新部署期间可以平滑地进行切换，最大限度地减少系统的停机时间和用户的影响。

在部署新的更新时，可以逐步更新每个系统节点或服务器。这种逐步更新的方式可以确保系统始终有部分节点在运行，避免因更新而导致整个系统的停机。这也允许团队在部署过程中及时发现和解决潜在的问题，确保系统的稳定性和可靠性。逐步发布更新给一小部分用户，然后逐步扩大覆盖范围是另一种常见的部署策略。在这种方法中，新的更新首先发布给一小部分用户群体或系统的轻量级负载。在选择和实施部署方法时，团队应根据具体的项目需求、系统架构和团队的技术能力来进行合理的选择和调整。这些方法的综合应用能够确保软件更新在生产环境中顺利地部署和成功发布，同时最大限度地保证系统的稳定性、可用性和用户的满意度。

（二）自动化部署

通过实施自动化部署，团队能够实现持续交付和持续部署的目标，使得软件系统能够快速响应市场和用户需求，保持高频率的版本迭代和发布。自动化部署不仅是技术上的进步，更是软件工程实践的一次重要变革，其带来了更高的开发效率、更好的软件质量和更快的交付速度。随着技术的不断发展，自动化部署将会在软件工程中扮演越来越重要的角色，推动整个行业向前发展。

（三）版本管理

版本管理不仅是软件开发过程中的技术实践，更是确保软件质量和用户体验的重要保障。通过有效地标记每个发布版本、追溯和回滚能力以及详细的发布文档编写，团队能够实现更高效、更稳定和更可靠的软件开发和发布流程。这些措施不仅有助于团队内部协作，还能提升客户满意度，推动整体业务的持续发展和创新。

四、监控与支持

（一）实时监控

实时监控在现代软件系统管理中扮演着关键的角色，它不仅是一种技术手段，更是保障系统稳定性和性能优化的重要工具。常见的工具如 Prometheus 和 Grafana，它们能够高效地收集和可视化系统各种关键指标。监控的关键指标包括系统性能（如 CPU、内存、磁盘等资源的使用情况）、错误率（请求错误率、服务响应时间异常等），以及资源使用情况（网络带宽、数据库连接池等）。

集中管理和分析日志是实时监控的重要组成部分。通过 ELK Stack（Elasticsearch、Logstash、Kibana）等日志管理工具，管理员可以收集、存储和分析系统生成的大量日志数据。这种集中管理和分析的能力，使得管理员能够快速定位和排查问题的根源，加快问题的诊断和修复过程。实时监控不仅是 passively 观察系统状态的手段，它还能够通过自动化预警系统，提前发现潜在的问题，并及时通知相关团队处理。这种及时响应能力，有助于团队在问题发生时快速采取措施，防止问题进一步扩大或影响业务。

（二）用户支持

把握用户支持的关键在于建立多样化且高效的沟通渠道，以便及时响应和解决用户的问题和需求。多种用户支持渠道的建立可以根据用户偏好和需求进行定制化。电话支持能够提供即时的人际互动，帮助解决复杂的问题和提供实时的技术支持。电子邮件支持则能够提供书面记录，适合用户有时间仔细阅读和理解问题解决方案的情况。而在线支持则能够在产品界面内或官方网站上提供快速帮助，如通过聊天机器人或在线表单快速响应用户的疑问和问题。

提供培训和文档是为了确保用户了解和熟悉产品的重要步骤。通过详细的操作手册、视频教程和常见问题解答（FAQ）文档，用户能够自主地学习和掌握产品的基本操作和高级功能。培训课程则可以定期举办，通过针对不同用户群体的需求进行专业化的培训，从而提高用户对产品的使用技能和满意度。除了支持渠道和培训，快速响应用户问题是用户支持的核心。建立响应时间的 SLA（服务级别协议），确保用户的问题能够在合理的时间内得到解决或反馈，是维护良好用户关系的关键。在这一过程中，应持续优化和改进支持流程和系统，通过用户反馈和数据分析，及时调整和优化服务质量，进一步提升用户体验和忠诚度。

五、回顾与改进

（一）更新评估

在软件开发和运维中，更新不仅是部署新功能或修复 bug，更是一种持续改进和演进的过程。评估更新的效果不仅关注技术层面的成功与否，每次更新都应当有明确的预期目标和期望效果。例如，更新可能旨在提高系统性能、增加新功能以满足用户需求、修复安全漏洞、改善用户体验等。评估过程中需要对比实际效果和预期目标，分析更新是否达到了既定的业务和技术指标。

更新评估需要记录更新过程中遇到的问题和解决方案。这些问题可能涉及部署问题、性能下降、兼容性挑战或者用户反馈等各个方面。记录问题和解决方案不仅有助于团队内部的知识共享和学习，还为未来的更新提供宝贵的经验和参考。例如，可以建立知识库或文档来收集和分享这些经验，以便团队能够更快速地响应和解决类似问题。

确保更新过程中没有引入新的安全漏洞或其他潜在的风险是非常重要的。这需要综合使用安全扫描工具、漏洞评估和安全审计等方法，确保系统在更新后依然能够保持高水平的安全性。收集用户的意见和建议，分析用户体验和满意度的变化，评估更新对用户的实际影响。这种用户反馈的综合分析有助于确定下一步的优先级和改进方向。

（二）持续改进

1. 反馈循环

收集用户和团队的反馈，构建一个有效的反馈循环是软件更新与升级过程中至关重要的一环。这一过程不仅是关于收集反馈，更是关于如何有效地将反馈转化为具体的改进措施，从而不断优化更新与升级的流程和工具。

用户反馈通常关注产品的功能性、易用性和性能等方面，而开发团队和运维人员的反馈则更侧重于技术实现、部署流程和系统稳定性等问题。有效地收集和整合这些反馈，能够全面了解不同角度的需求和问题，为改进提供有力支持。可以通过多种途径实现，包括定期组织反馈会议、设置在线反馈渠道、建立反馈邮件箱等。关键是确保反馈渠道的便捷性和及时性，让所有相关人员都能够方便地表达意见和建议。

收集到的反馈需要进行系统化分析和归类。这包括识别常见问题、优先级排序以及分析问题的根本原因。通过数据驱动的方法，通常可以更加客观地评估问题的严重性和影响范围，从而优先处理对用户和系统影响最大的问题。进一步，建立一个持续改进的文化是构建有效反馈循环的关键。这需要团队共同努力，将收集到的反馈转化为具体的行动计划和改进措施。团队应当借助反馈不断优化和创新更新与升级流程，提升团队的整体效率和产品质量。

2. 流程优化

流程优化在软件更新和升级过程中至关重要，它不仅是简单地提高效率，更是确保系统稳定性和用户满意度的关键。团队能够在软件更新和升级过程中达到更高效的操作，并确保系统在不断变化的环境中保持稳定和可靠。这种持续改进的方法不仅能够应对复杂的需求和变化，还能够为业务创造更大的价值和竞争优势。

第 9 章　案例分析与实践探讨

软件技术在轮机工程中的应用案例分析

轮机工程是一门综合性很强的工程学科，涉及机械、电气、控制、热力学等多个领域。随着计算机技术的快速发展，软件技术在轮机工程中的应用越来越广泛，这极大地提高了系统的效率、安全性和可靠性。以下是一些软件技术在轮机工程中的应用案例分析。

案例一：船舶轮机系统设计

（一）应用软件

AutoCAD， SolidWorks

（二）CAD 软件在轮机系统设计中的应用

1. 三维建模

CAD 软件通过其强大的三维建模功能，使设计人员能够以精确和直观的方式创建轮机系统的三维模型。设计师可以根据实际要求绘制主机、辅机和相关部件并详细设计。通过三维建模，设计人员能够从多个角度全面理解设计，确保每个部件在装配和运行时的空间和功能要求。

2. 装配模拟

CAD 软件不仅能够创建单个部件的三维模型，还可以进行整体装配模拟。在轮机系统设计中，各个部件的精确位置和相互作用至关重要。CAD 软件允许设计人员将所有部件装配到一个完整的系统中，并模拟它们在实际操作中的运行情况。通过装配模拟，可以检查零件之间的干涉和碰撞，确保设计的合理性和可操作性。

3. 干涉检查

CAD 软件提供强大的干涉检查功能，能够自动检测和标识设计中的任何干涉问题。在轮机系统设计中，这种功能尤为重要，因为任何部件之间的干涉可能会导致装配困难或运行故障。干涉检查可以帮助设计人员及早发现潜在的问题，并进行必要的调整和优化，以确保轮机系统在实际应用中能够顺利运行。

4. 优化设计和降低成本

CAD 软件的综合应用使得轮机系统设计更为高效和精确。通过提前可视化和模拟，设计人员可以在实际制造和装配前发现并解决设计中的问题，从而大大减少设计错误和返工成本。此外，优化的设计过程还能够节约时间，缩短产品上市周期，提高整体项目的竞争力。

5. 技术革新与未来发展

随着 CAD 软件技术的不断进步和应用场景的扩展，未来在轮机系统设计中的应用前景仍然广阔。预计随着人工智能和机器学习技术的结合，CAD 软件将能够提供更智能化的设计辅助功能，并帮助设计人员更快速、更精确地完成复杂系统的设计和优化。

案例二：轮机冷却系统的热力学分析

（一）应用软件

ANSYS Fluent， OpenFOAM

（二）CFD 软件在轮机冷却系统设计中的应用

1. 模拟流体流动

CFD 软件能够精确模拟轮机冷却系统中流体的流动行为。工程师可以通过建立几何模型和设定流体的边界条件，仿真冷却水或其他冷却介质在管道、冷却器和散热器中的流动情况。这种模拟能够显示流体在不同部件之间的速度分布、流动路径以及可能存在的涡流和湍流现象，为优化设计提供详尽的流动分析数据。

2. 分析热传递过程

除了流体流动，CFD 软件还能够分析轮机冷却系统中的热传递过程。通过设置热源和热边界条件，工程师可以模拟热能如何在不同部件之间传递和分布。这对于评估散热器和冷却器的性能至关重要，因为它们的设计将直接影响到轮机和相关设备的温度控制和运行安全性。

3. 优化设计和提高效率

CFD 软件不仅能够模拟轮机冷却系统的现有设计，还可以帮助工程师进行设计优化。通过在软件中调整几何形状、改变流体流动路径或调整散热器布局，工程师可以快速评估各种设计方案的效果。例如，通过优化冷却水的流动速度和方向，改进冷却介质在散热器中的换热效率，从而提高整体冷却系统的效率和性能。

4. 预防过热问题

过热是船舶轮机系统中常见的问题，可能导致设备损坏和操作风险。CFD 软件的应用可以帮助工程师精确地评估和预测系统在不同负载和环境条件下的热响应。通过模拟热传递过程和流体流动特性，工程师能够及早发现潜在的过热风险，并采取必要的措施来优化冷却系统设计，以确保轮机在各种操作条件下保持安全和高效运行。

案例三：轮机动力系统的仿真

（一）应用软件

MATLAB/Simulink， Simcenter Amesim

（二）仿真软件在轮机动力系统设计中的应用

1. 动态模拟和性能预测

仿真软件能够模拟轮机动力系统在不同工况和操作条件下的动态行为。工程师可以建立系统的数学模型，包括主机、发电机、传动系统以及相关的控制设备和传感器。通过设置系统的初始状态和外部输入，仿真软件可以精确模拟系统的响应，如转速变化、负载调整、燃油消耗等。这种动态模拟使工程师能够在实际制造和测试之前，评估不同设计方案的效果，从而发现潜在问题并进行优化。

2. 优化控制策略

仿真软件不仅能够模拟轮机动力系统的物理行为，还可以用于测试和优化控制策略。通过在仿真环境中实施不同的控制算法和逻辑，工程师可以评估这些策略在实际操作中的效果。例如，调整发动机的工作点、优化发电负载分配，或者设计智能化的能量管理系统，以提高能源利用率和系统的整体性能。通过仿真软件，工程师可以快速比较不同控制策略的优缺点，选择最佳方案以实现系统的稳定性和可靠性。

3. 提高系统性能和可靠性

通过仿真软件进行动态模拟和性能预测，工程师能够更全面地理解轮机动力系统的运行特性和工作状态。这不仅有助于优化设计和控制策略，还能够提高系统的性能和可靠性。例如，通过仿真软件可以及早发现潜在的机械或电气故障，评估系统在极端条件下的响应能力，从而采取预防措施和优化方案，减少运行中的意外停机和维修时间，进一步提高船舶的运行效率和经济性。

案例四：船舶轮机实时监控与故障诊断

（一）应用软件

SCADA， LabVIEW

（二）实时监控系统在船舶轮机运行管理中的应用

1. 实时数据采集与监控

SCADA 系统通过各种传感器和数据采集装置，能够实时地监测和记录轮机系统的运行数据。这些数据包括但不限于发动机转速、温度、油压、润滑系统状态等关键参数。实时监控系统能够将这些数据传输到控制中心或监控站点，使工程师可以随时随地远程访问和查看轮机的运行状态。

2. 数据分析与故障诊断

除了数据的实时采集，SCADA 系统还具备强大的数据分析功能。通过对历史数据和实时数据的分析，系统可以检测异常情况和趋势，预测潜在的故障风险。工程师可以利用这些分析结果，及时识别和解决问题，防止故障升级和损坏。

3. 异常报警与实时响应

SCADA 系统能够根据预设的阈值和规则，自动发出警报以指示任何可能的异常情况。这些警报可以通过声音、视觉或电子邮件等方式发送给相关的工程人员，使其能够立即采取相应的措施。例如，当发动机温度超出安全范围或油压异常时，系统将立即通知操作员，并提供相关建议或措施。

4. 安全运行保障与效率提升

通过实时监控系统，船舶运营者和工程师能够更加有效地管理轮机系统的运行。及时发现和解决问题不仅可以避免设备损坏和停机时间的增加，还可以提高系统的整体效率和可靠性。例如，定期检查和维护计划可以根据实时数据的分析结果进行优化，确保设备始终在最佳状态下运行，从而延长其使用寿命并减少维修成本。

案例五：轮机运行数据的预测性维护

（一）应用软件

Python（pandas，scikit-learn），R

（二）利用大数据分析和机器学习实现轮机预测性维护

1. 数据收集与存储

实现预测性维护的关键在于有效的数据收集和存储。轮机系统通常配备有传感器和数据采集设备，能够实时记录和传输各种运行数据，如温度、压力、振动等。这些数据被集中存储在数据库或云平台中，为后续的分析和处理提供基础。

2. 大数据分析的应用

利用大数据分析技术，工程师可以对大量的历史运行数据进行详尽的分析。通过数据挖掘和统计分析，可以识别出与轮机故障和性能下降相关的模式和趋势。例如，可以发现特定的运行模式、工况或环境条件与轮机故障的关联性，进而预测未来可能发生的故障和维护需求。

3. 机器学习算法的应用

机器学习算法在轮机预测性维护中扮演着关键角色。通过训练监督学习或无监督学习模型，可以建立轮机系统运行状态的预测模型。监督学习模型可以利用标记好的历史数据来预测未来的故障发生时间或维护需求，而无监督学习模型则可以发现数据中的潜在模式和异常，提前发现潜在的故障信号。

4. 预测性维护的实施

基于大数据分析和机器学习的预测性维护策略，使得船舶运营者能够采取预防性的措施，提前进行维护和修理，避免因设备突发故障导致的非计划停机时间和运营成本的增加。例如，系统可以自动发送警报或建议维护操作员根据预测模型中的建议进行定期检查或更换关键部件，从而延长设备的使用寿命并减少维护费用。

案例六：轮机操作与维修培训

（一）应用软件

Unity， Vuforia

（二）VR 和 AR 技术在轮机操作与维修培训中的应用

1. 创建虚拟培训环境

VR 和 AR 技术可以构建高度仿真的虚拟轮机操作和维修培训环境。在这种虚拟环境中，学员可以看到和互动虚拟轮机系统的各个部件，仿佛置身于真实的操作场景中。通过佩戴 VR 头戴设备或使用 AR 眼镜，学员可以沉浸在虚拟环境中，直观地学习轮机的结构和工作原理，从而理解各个部件的功能和操作步骤。

2. 模拟操作和维修训练

在虚拟培训环境中，操作人员和维修人员还可以进行多种模拟训练。VR 和 AR 技术允许学员进行复杂的操作和维修任务，如发动机启动、参数调整、故障排查和部件更换等。虚拟培训不仅能够模拟正常操作场景，还可以创建各种紧急情况和故障情景，使学员在安全的环境中练习应急处理和故障维修，从而提高应急反应能力和解决问题的技巧。

3. 提高实际操作技能

通过反复的模拟训练，学员可以逐步掌握轮机操作和维修的实际技能。VR 和 AR 技术提供的即时反馈功能，使学员能够迅速了解操作的正确性和错误点，及时纠正错误动作，巩固正确的操作方法。这种互动性和即时性大大增强了学习效果，使学员在实际操作中能够更加熟练和自信。

实践经验分享与未来发展趋势

一、实践经验分享

（一）模块化设计的重要性

将系统分解为独立模块是软件工程中常见的实践，有助于提高代码的可

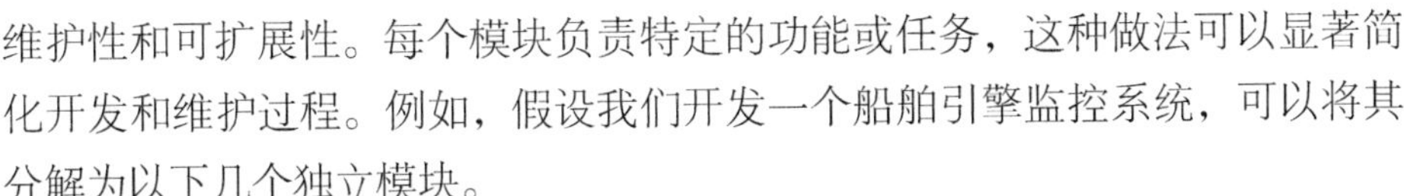

维护性和可扩展性。每个模块负责特定的功能或任务，这种做法可以显著简化开发和维护过程。例如，假设我们开发一个船舶引擎监控系统，可以将其分解为以下几个独立模块。

1. 数据采集模块

数据采集模块是系统的起点，负责从各种传感器和数据源中收集引擎运行所需的各类数据，如温度、压力、转速等。这些数据是后续分析和监控的基础，通过准确、实时地捕获引擎的运行状态，能够确保系统能够快速响应任何潜在问题或异常。

2. 数据处理模块

数据处理模块接收来自数据采集模块的原始数据，并进行格式化、转换和初步分析。这些处理步骤确保数据符合系统的需求和标准，使其可以被后续的监控与分析模块有效利用。例如，数据处理可以包括数据清洗、归一化、去除噪声等，以确保数据的准确性和一致性。

3. 监控与控制模块

监控与控制模块是系统的核心部分，它实时监测引擎的状态和性能参数。这包括识别任何潜在的异常情况，并及时发出警报以通知操作人员或自动启动预设的应急措施。此外，监控与控制模块还支持远程控制和调整引擎参数，使操作人员可以根据实时数据和系统反馈进行及时干预和调整，以保证引擎始终运行在最佳状态。

4. 报告与分析模块

报告与分析模块则扮演着帮助船员理解和优化引擎运行的角色。该模块会生成详尽的监控报告，展示引擎的运行趋势、历史数据分析结果和性能评估。通过分析历史数据，船员可以发现潜在的优化机会和性能改进点，制定更有效的维护和运行策略，以提高引擎的可靠性、效率和耐久性。

每个模块都应该有清晰的接口和规范，以便于模块之间的集成和替换。例如，数据采集模块应该定义清楚如何获取数据，数据处理模块则需要规定如何处理数据格式和异常情况，监控与控制模块需要定义如何接收和响应控制指令，报告与分析模块则需规定报告生成和数据分析的标准操作。通过这种模块化的设计方法，不仅可以提高开发效率和代码质量，还能够方便系统的扩展和维护，适应未来需求的变化和技术的更新。

（二）持续集成和持续交付

采用 CI/CD 实践是现代软件开发中的关键方法之一，它有助于加速软件交付和提高发布质量。CI/CD 的核心理念是将软件开发过程自动化，特别是在测试、集成和部署方面。

1. 加速软件交付和发布周期

CI/CD 是现代软件开发中的一项关键实践，通过自动化流程极大地提高了软件开发、测试和部署的速度与效率。这种方法不仅令开发团队能够快速响应需求变更，还极大地提高了代码的稳定性和质量，为软件项目的成功交付和持续改进奠定了坚实的基础。在传统的软件开发过程中，代码的提交、构建、集成和测试往往是独立、手动的步骤，通常需要开发人员耗费大量时间和精力。然而，随着软件规模和复杂性的增加，传统的开发方法显得越来越吃力，容易导致集成问题和长时间的修复周期。这就是 CI/CD 出现的意义所在：通过自动化和持续集成的方式，实现代码的频繁集成和测试，从而迅速发现和修复问题，保证软件的质量和稳定性。

CI/CD 的核心在于自动化。开发人员可以在每次代码变更后，将其提交到版本控制系统，并触发 CI/CD 流水线的自动执行。流水线会自动进行代码的编译构建，将新代码与现有代码进行集成，运行各类单元测试、集成测试和端到端测试。通过这些自动化测试，开发团队可以快速发现潜在的问题和错误，及时进行修复，从而确保代码的稳定性和可靠性。此外，CI/CD 还涉及持续部署的实践。一旦代码通过了所有的自动化测试，并且被确定为稳定和可部署的版本，CI/CD 系统可以自动将其部署到预生产环境或生产环境中，而无须人工干预。这种自动化的部署过程大大降低了部署错误和运维成本，同时提高了软件的发布速度和频率，使得新功能和改进可以更快地交付给用户。

2. 自动化测试和验证

通过其自动化测试环节确保代码变更的质量和稳定性。这种流程不仅令开发团队能够快速、可靠地交付软件，还显著降低了潜在 Bug 和质量问题的风险，为项目的成功实施和持续改进提供了坚实的保障。CI/CD 流水线的核心在于自动化测试。无论是单元测试、集成测试还是端到端测试，这些测试类型都在确保软件在各个阶段的正确性和功能完整性方面发挥着关键作用。每次开发人员提交代码变更时，CI/CD 系统会自动触发这些测试，确保新代码与现有代码的兼容性，以及其在真实环境中的运行稳定性。

单元测试是 CI/CD 流水线中的第一道防线。它们旨在验证代码中的最小可测试单元（如函数、类等）的行为是否符合预期。单元测试通常由开发人员编写，并在提交代码时自动运行。这种测试能够迅速发现和修复代码中的基本逻辑错误，确保每个代码单元都能按照预期工作。集成测试则负责验证不同模块或组件之间的交互是否正常。在软件系统的复杂性日益增加的今天，各个组件的集成往往是潜在 Bug 的重要来源。CI/CD 流水线通过自动化的集成测试，确保各个模块在集成后能够协同工作，不会因为接口问题或数据传递错误而导致系统功能的破坏。端到端测试则是从用户角度出发，验证整个应用或系统在真实环境中的行为和性能。这种测试是模拟真实用户的操作流程，从用户界面到数据存储的各个层面进行全面的测试。通过端到端测试，CI/CD 流水线可以确保软件在各种使用场景下的稳定性和可靠性，以避免在生产环境中出现未预期的问题。

3. 持续集成

通过频繁地将代码变更合并到共享代码仓库，并自动进行构建和测试，以确保代码的稳定性和质量。这种方法不仅可以提高开发团队的工作效率，还能够显著降低集成问题和错误，为软件项目的顺利交付奠定坚实基础。持续集成通过频繁的代码提交和自动化的构建过程，能够及时发现代码中的集成问题。每当开发人员提交新的代码变更到共享代码仓库时，CI 系统会自动触发构建过程。在这个过程中，系统会自动编译代码、执行各类单元测试和集成测试，甚至进行静态代码分析等。通过这些自动化的步骤，开发团队能够及时发现代码中的潜在问题，例如语法错误、编译失败或者单元测试不通过等，从而快速反馈给开发人员进行修复。

持续集成能够减少后续集成时的冲突和错误。由于每次代码提交都会经过自动化测试的验证，所以集成问题和冲突可以在早期被发现和解决。这种实践不仅有助于保持代码库的整洁和稳定，还大大降低了后续开发过程中的集成风险和解决问题的成本。开发团队可以专注于开发新功能和改进，而不必花费大量时间在集成问题的排查和修复上。通过每天甚至每小时的提交和集成代码变更，团队成员可以更加频繁地进行代码评审、合作和交流，共同保证代码质量和项目进度。这种高效的开发模式不仅提升了团队的生产力，也促进了团队成员之间的良好沟通和合作关系。

4. 持续交付和持续部署

持续交付是指在每次代码变更通过所有自动化测试后，准备好随时可以部署的软件版本。这种实践要求开发团队在开发过程中始终保持软件处于可部署状态，并通过自动化的构建、打包和测试流程，确保每个代码变更都经过了严格的验证和审查。一旦代码变更通过了所有测试，并且通过了预定义的质量门槛，那么这个版本就可以随时准备部署到生产环境或者其他测试环境中。

持续部署则进一步推进了持续交付的理念，它不仅要求每次代码变更都通过所有自动化测试，还要求自动将通过测试的代码变更部署到生产环境中。这种自动化部署过程通常包括了将新版本软件应用程序安装到服务器、配置环境、执行数据库更新等步骤，从而实现新功能和修复的快速上线。

持续交付和持续部署的核心优势在于它们大幅缩短了软件更新周期。传统的软件发布往往需要等待多个代码变更积累，然后再进行集成、测试和部署，这样的周期可能会持续几周甚至几个月。相比之下，持续交付和持续部署则允许团队频繁地发布小而安全的更新，有效降低了发布新功能和修复的风险。开发团队可以更加灵活地响应用户需求和市场变化，快速地推出新功能，提高产品的竞争力。持续交付和持续部署也提升了软件交付的一致性和可靠性。通过自动化的部署过程，减少了人为错误产生的可能性，同时提高了部署的准确性。这对于保持系统稳定性和可维护性至关重要，特别是在面对复杂的软件架构和多样化的部署环境时。

（三）安全性和合规性

1. 安全性考虑

安全开发必须从需求分析阶段开始。在这个阶段，开发团队需要与业务方面合作，确保准确理解和记录安全需求。这包括识别关键数据和系统功能，分析可能潜在的威胁和风险，以便在后续的设计和开发过程中有针对性地进行安全措施的规划和实施。

2. 合规性考虑

行业相关的法律法规和标准对软件开发的影响不可忽视。航运业作为全球性行业，需要严格遵守国际海事组织制定的安全规定和船舶安全管理系统（ISM）规范。这些规定涵盖了从船舶设计、建造、操作到维护的各个方面，要求船舶及其相关设施必须符合一系列严格的安全标准和程序，以确保航行安全和环境保护。

在软件开发过程中，确保合规性需要从需求定义开始就考虑和整合相关法规要求。开发团队应当深入了解并准确理解各种法规对软件系统的具体要求，包括但不限于数据隐私保护、安全通信、数据备份和恢复能力等。例如，根据 GDPR（欧洲通用数据保护条例）等法规，要求在处理和存储用户数据时，必须采取适当的技术和组织措施来保护数据的隐私和安全。航运业还要求软件系统在数据交换和通信方面具备高度的安全性。船舶通信系统的安全性至关重要，应确保信息的机密性和完整性，防止信息被未授权的第三方访问或篡改。因此，开发团队需要采用加密技术、安全认证和访问控制等措施，保护船舶运行数据和通信数据的安全。

在实施阶段，持续的合规性审查和监控是确保软件系统符合相关法规和标准的关键。开发团队应当建立和执行严格的合规性测试计划，确保软件的每一个功能和模块都符合预先定义的安全和合规性标准。同时，及时更新和维护软件系统，以响应法规的变化和更新，以保持软件的合规性状态。

（四）跨学科团队的协作

船舶工程领域解决复杂问题时，跨学科团队的协作显得尤为关键和不可或缺。船舶工程作为一个高度复杂和技术密集的领域，涉及机械工程、电气工程、软件工程等多个学科和技术领域的深度融合与应用。船舶的设计与制造通常涉及多种工程学科的知识和技术，如船体设计、动力系统、航电系统等。每个专业领域的专家在设计和开发过程中，都必须充分理解和尊重其他领域的需求和限制。例如，机械工程师需要确保船体结构的稳固性和抗风险能力，而电气工程师则负责设计和集成船舶的电气系统，包括动力传输、自动控制系统等。软件工程师则负责开发和维护船舶的控制系统和软件应用，确保船舶各个系统的高效运行和协同工作。

跨学科团队的协作不仅是各个专业领域的技术融合，还涉及团队成员之间的有效沟通和合作。在船舶工程项目中，团队成员可能来自不同的国家和文化背景，具有不同的工作习惯和沟通风格。因此，建立有效的沟通渠道和协作机制至关重要。定期的跨学科会议、项目进度报告和技术讨论，可以帮助团队成员理解彼此的工作进展和挑战，从而协调行动、解决问题。跨学科团队的协作还有助于创新和技术进步。不同学科的专业知识交叉和互补，往往能够激发出新的想法和解决方案。例如，机械工程师和软件工程师共同探讨如何通过自动化系统来优化船舶的能效管理；电气工程师与软件工程师协作设计智能监控系统，实时监测和调整船舶的电力消耗和分配。

二、未来发展趋势

（一）智能化和自动化

1. AI 和 ML 的应用

各类传感器的数据是决定系统性能和安全的重要依据。通过 AI 和 ML 技术，可以对这些数据进行深度分析，从中提取有价值的信息。例如，AI 系统可以实时监测引擎的各种传感器数据，包括温度、压力、转速和振动等参数。当这些数据偏离正常范围时，AI 系统能够迅速识别出潜在的异常情况，提前发出警报，并建议维护人员进行检查和处理，从而避免故障扩大和船舶停机。不仅如此，AI 和 ML 技术还能在优化船舶运行方面发挥重要作用。传统的船舶运营依赖经验和预设的参数，难以应对复杂多变的航行条件，而通过引入 AI 技术，船舶系统可以实现动态调整。例如，在航行过程中，AI 系统可以综合考虑风速、海浪高度、航行路线和载重等因素，实时调整引擎性能和航行路线，以达到最佳的燃油效率和最低的排放水平。这种智能化的调整不仅能够显著降低运营成本，还能减少对环境的影响，符合日益严格的环保法规。

AI 和 ML 技术还能够实现船舶系统的自适应学习和持续优化。通过不断积累和分析历史运行数据，AI 系统可以识别出不同工况下的最佳操作模式，并根据新数据不断更新和优化这些模式。这种自适应学习能力使得船舶系统能够随着时间推移，越来越精确地调整自身运行参数，提升整体性能和可靠性。在智能航运的未来，AI 和 ML 技术的应用前景广阔。随着这些技术的不断成熟和发展，船舶系统将变得更加智能和高效，因为智能航行系统可以实时分析全球气象数据和航运数据，为船长和航运公司提供最佳的航行策略和决策支持。智能维护系统可以提前预测设备的维护需求，减少非计划停机时间和维修成本。此外，AI 和 ML 技术还可应用于船舶自动驾驶，从而实现无人驾驶船舶的安全运营。

2. 自动化操作的优势

自动化系统的首要优势在于其精准性和一致性。人类操作员不可避免地会受到疲劳、注意力不集中和操作失误等因素的影响，而自动化系统则能够在任何条件下保持高效、准确地运行。这种可靠性在船舶的复杂操作中显得尤为重要。通过集成各种传感器和控制器，自动化系统可以实时监控船舶的状态和环境条件，并根据预设的算法进行优化调整。比如，在航行过程中，自动化系统能够根据实时的海况、风速和潮汐数据，自动调整船舶的航向和速度，确保航行的安全和高效。

自动化系统还大大简化了船舶操作流程，减少了对高技能船员的依赖。传统的船舶操作需要船员具备丰富的经验和高度的专业技能，而自动化系统可以通过预编程的操作步骤和实时的智能决策，完成许多复杂的操作任务。这不仅减轻了船员的工作负担，也降低了培训和人力资源管理的成本。例如，自动化推进系统能够根据负载和航行条件，自动调节引擎功率和推进速度，实现最佳的燃油效率和最低的排放水平。通过整合先进的监测和预警技术，自动化系统能够实时检测潜在的危险并采取相应的防范措施。例如，自动化导航系统能够接收和分析来自雷达、声呐和 AIS（自动识别系统）的数据，实时监测周围海域的其他船只和障碍物。如果检测到可能发生的碰撞风险，系统会立即发出警报并自动调整航向，以避免危险。此外，自动化系统还能在恶劣天气条件下自动调整船舶的操控，以减少船体摇晃和波浪冲击，确保货物和人员的安全。

3. 数据驱动决策

AI 和 ML 技术在船舶系统中的应用首先依赖大量的数据收集。船舶在运行过程中会产生大量的传感器数据，包括温度、压力、振动、燃油消耗和速度等。这些数据经过收集和存储，为 AI 和 ML 算法提供了丰富的分析素材。通过对历史数据的分析，AI 系统能够识别出正常运行模式和潜在的异常情况。例如，通过对引擎运行数据的长期监测，系统可以发现某些特定条件下引擎性能的微小变化，这些变化可能是未来故障的早期信号。

在实时环境信息的辅助下，AI 和 ML 技术可以进一步提高预测的准确性和及时性。船舶在海上航行时，环境条件瞬息万变，实时数据的获取和分析尤为重要。AI 系统能够综合考虑当前的天气状况、海浪高度、航行速度和负载情况等因素，实时调整预测模型。这种动态调整能力使得系统能够更精准地预测设备的健康状况和故障概率，及时发出维护建议。通过数据驱动的预测性维护，船舶系统能够显著降低设备故障的风险。传统的维护方式通常基于预定的时间间隔进行，可能导致过度维护或维护不足。而 AI 和 ML 技术则能够根据实际运行状况，精准预测设备的维护需求。这样，船舶运营商可以在设备故障发生前安排维护，避免因突发故障导致的停机和安全隐患。例如，如果 AI 系统预测到某个部件的磨损程度已接近临界点，系统会提前通知维护团队进行更换，从而确保设备的持续可靠运行。

AI 和 ML 技术在船舶系统优化方面也发挥着重要作用。通过分析历史数据和实时环境信息，AI 系统可以识别出优化的机会。例如，在航行过程中，系统可以根据实时风速、海流和天气状况，优化航行路线和引擎功率，以达到最佳的燃油效率和最低的排放水平。这不仅降低了运营成本，还减少了对环境的影响，符合现代航运业的可持续发展目标。AI 和 ML 技术的应用还提升了船舶系统的安全性。通过实时监测和分析，系统可以迅速识别潜在的安全风险，并采取相应的防范措施。例如，在发现航行路线附近有异常船只或障碍物时，系统可以自动调整航向，避免碰撞。此外，AI 系统还可以在极端天气条件下，优化船舶的操控策略，减少摇晃和波浪对船体的冲击，确保货物和人员的安全。

4. 系统整合与安全性考虑

AI 和 ML 技术的成功应用首先依赖系统的全面整合。这涉及将不同类型的传感器、数据采集设备和控制系统进行有效连接，使得数据能够顺畅地传输和处理。在船舶系统中，各类传感器负责收集包括温度、压力、振动、燃油消耗和速度等在内的海量数据。通过与现有的船舶管理系统和自动化控制系统进行整合，AI 和 ML 算法可以实时获取这些数据，并进行分析和处理。这种整合不仅需要技术上的兼容性，还需要系统架构的合理设计，以确保数据流的高效性和可靠性。与此同时，数据安全性则是引入 AI 和 ML 技术过程中不可忽视的重要方面。船舶系统中所收集的数据往往涉及关键的运行参数和商业信息，一旦泄漏或被未经授权访问，可能会带来严重的安全和经济风险。为此，需要采取多层次的安全措施来保护数据。首先，在数据采集阶段，应采用加密技术对传感器数据进行加密，防止数据在传输过程中被截获。其次，在数据存储和处理阶段，应采用安全的存储方案和访问控制机制，确保只有经过授权的人员和系统才能访问和处理数据。最后，定期进行安全审计和风险评估，及时发现和解决潜在的安全漏洞，也是确保数据安全的重要手段。

为了实现 AI 算法的持续优化，适应不断变化的船舶运行环境和技术进展，需要对算法模型进行不断地更新和验证。船舶在不同的航行环境中可能遇到多种复杂的情况，如天气变化、海况波动和设备老化等。AI 和 ML 算法必须具备自适应学习能力，能够根据新的数据不断调整和优化模型。这就要求系统具备良好的数据管理和处理能力，且能够高效地收集和利用新的数据进行模型训练和验证。此外，还需要建立一套完善的模型验证机制，确保更新后的模型在实际应用中能够稳定可靠地运行。

实现 AI 和 ML 算法的持续优化，还需要借助大数据分析和云计算技术。通过对海量历史数据的深度分析，可以挖掘出更多潜在的优化机会和风险预警信号。云计算技术则为大规模数据处理和模型训练提供了强大的计算能力，使得 AI 和 ML 算法能够快速迭代和更新。此外，借助云端的分布式计算和存储能力，可以实现数据的跨区域共享和协同处理，进一步提升算法的适应性和准确性。

（二）物联网的广泛应用

1. 物联网系统的建立

物联网技术的引入，使得船舶能够实现更高效的运行和管理。在过去，船舶的许多运行数据只能通过定期检查或人工记录获取，这不仅费时费力，而且容易出现遗漏和误差。如今，通过物联网系统，船舶上的传感器能够实时采集包括引擎温度、油压、振动、燃油消耗、风速和海浪高度等在内的海量数据。这些数据通过互联网传输到中央管理系统，使得船舶管理者可以随时随地访问和查看。实时数据的获取和分析，是物联网系统的核心优势之一。通过对实时数据的监测和分析，船舶管理者可以迅速做出反应，调整运行策略。例如，当引擎温度或油压出现异常时，系统会立即发出警报，提醒管理者进行检查和维护，避免可能的故障和损失。此外，通过分析风速和海浪等环境参数，系统可以优化航行路线和速度，确保船舶在安全和高效的状态下运行。

物联网技术不仅提高了船舶的运行效率，还大大增强了维护管理的科学性和预见性。传统的维护方式通常依赖固定的时间间隔进行，而物联网系统能够根据实际运行情况，智能预测设备的维护需求。例如，通过对引擎振动数据的长期监测和分析，系统可以识别出潜在的磨损和故障趋势，提前安排维护，避免因突发故障导致的停机和高额维修费用。这样的预测性维护策略，不仅降低了维护成本，还延长了设备的使用寿命。随着全球环保法规的日益严格，航运业需要采取措施减少碳排放和污染。通过物联网系统，船舶管理者可以实时监测燃油消耗和排放情况，优化燃烧效率，减少污染物排放。此外，通过对船舶运营数据的全面分析，系统可以提供节能建议，如优化航行路线、调整航速等，从而实现绿色航运。

2. 远程监控和管理的普及

物联网系统的建立，为船舶管理带来了前所未有的透明度和控制力。通过在船舶上安装各类传感器，这些设备可以实时监测包括引擎状态、航行条件、燃油消耗和环境参数在内的各种关键数据。所有这些数据都会通过互联网传输到中央控制系统或云平台，使船舶管理团队可以随时随地远程访问和查看。这种实时监控能力，使得管理者能够对船舶的运行状态有全面的了解，能及时发现潜在问题并进行干预。远程监控的一个显著优势是提高了维护的效率和精准性。传统的船舶维护方式往往依赖定期的人工巡检，这不仅费时费力，还容易因为巡检不及时而错过潜在的问题。而通过物联网系统，船舶管理团队可以实时监测设备的运行状态，从而准确识别出设备的异常和故障。例如，如果引擎的温度或压力数据超出正常范围，系统会立即发出警报，管理团队可以远程诊断问题，并安排维修人员进行处理。这种基于实时数据的远程监控，大大减少了人为巡检的频率和强度，提高了维护的及时性和准确性。

远程监控和管理能力，还为船舶运营带来了更多的灵活性和应变能力。船舶在航行过程中，环境条件和运行状态可能随时发生变化。通过物联网系统，管理团队可以实时调整航行策略和设备运行参数，以适应新的条件。例如，在遇到恶劣天气时，系统可以建议调整航速和航向，确保船舶的安全运行。在燃油效率方面，系统可以根据实时数据，优化引擎功率和航行速度，达到节能减排的效果。借助云平台和大数据分析技术，管理团队可以进行更深层次的数据挖掘和分析，优化船舶的整体运营策略。例如，通过分析历史航行数据和环境数据，系统可以为船舶制订最佳的航行路线和计划，避免高风险区域，减少航行时间和燃油消耗。此外，人工智能和机器学习（ML）技术的结合，使得系统具备自学习和自适应能力，能够在不断变化的条件下持续优化和提升运行效率。

3. 实时数据分析和预测性维护

在传统的船舶管理模式中，维护工作往往依赖固定的时间表和人工巡检。然而，这种方式既费时费力，又容易遗漏潜在的问题。而物联网系统通过安装在船舶各个部位的传感器，能够实时监测包括引擎温度、油压、振动、燃油消耗和环境参数等在内的大量数据。这些数据通过互联网传输到中央控制

系统或云平台，使船舶管理者可以随时随地远程访问和查看。

预测性维护不仅提高了船舶的运行效率，还显著降低了维护成本和设备停机时间。传统的定期维护往往会导致过度维护或维护不足，前者浪费资源和时间，后者则存在较高的故障风险。而通过物联网系统的预测性维护，船舶管理者可以根据设备的实际运行状况，精准安排维护工作，确保设备始终处于最佳状态。例如，如果系统预测某个部件在未来一段时间内可能出现磨损，管理者可以提前安排更换和维修，避免设备在关键时刻发生故障。这种基于数据驱动的维护策略，不仅节省了维护成本，还提高了设备的使用寿命和运行可靠性。在确保船舶安全性方面，预测性维护也发挥着重要作用。船舶在航行过程中，环境条件和运行状态可能随时发生变化。通过实时数据的监测和分析，物联网系统可以动态调整维护策略，确保设备在各种环境下都能稳定运行。例如，在恶劣天气条件下，系统可以加强对关键设备的监测，及时发现和处理潜在问题，确保船舶和船员的安全。此外，通过对历史数据的持续分析和学习，物联网系统可以不断优化预测模型，提高预测的准确性和可靠性，进一步增强船舶的安全性。

（三）数字化双胞胎和虚拟现实

1. 数字化双胞胎技术的应用

数字化双胞胎技术的核心在于其实时模拟和精确仿真能力。通过安装在船舶各个部位的传感器，可以实时采集引擎温度、压力、振动、燃油消耗、风速和航行速度等大量数据，这些数据被传输到中央控制系统或云平台，在数字化双胞胎模型中进行处理和分析。这个虚拟模型完全忠实于实际船舶的运行状态，能够实时反映设备和系统的每一个变化。船舶管理者和工程师可以通过这个虚拟镜像，全面掌握船舶的运行状况，进行精准地监测和分析。通过数字化双胞胎技术，预测性维护得以实现。这种技术能够通过历史数据和实时数据的结合，应用大数据分析和机器学习算法，识别设备性能变化的趋势和潜在故障。例如，通过长期监测引擎的振动和温度数据，系统可以识别出引擎磨损的早期迹象，提前预警，提醒管理者安排维护，避免引擎在关键时刻发生故障。这种基于数据驱动的预测性维护，不仅提高了设备的可靠性，还减少了非计划停机时间和维护成本，提高了船舶的运营效率。

数字化双胞胎技术还能够显著优化船舶的能耗和整体运营。通过实时分析燃油消耗和航行状况，系统可以提供具体的优化建议，例如调整航速、优化航线等，以实现最佳的燃油效率和最低的碳排放。例如，当船舶在不同海况下航行时，数字化双胞胎可以模拟不同航行策略对燃油消耗的影响，帮助船舶管理者选择最节能的航行方案。此外，通过对环境数据的综合分析，系统可以预测未来的天气和海况，提前调整船舶的运行参数，确保安全和高效地航行。船舶在航行过程中，可能面临多种风险和突发状况，而通过实时监测和仿真，数字化双胞胎可以及时发现和诊断潜在问题，提供快速响应和解决方案。例如，当系统检测到引擎异常或船体结构受损时，可以立即发出警报，并提供详细的故障分析和修复建议，确保船舶和船员的安全。此外，通过对大量历史数据的分析和学习，数字化双胞胎可以不断优化安全管理策略，提升风险预警和应对能力。

2. 虚拟现实技术在培训和仿真中的应用

虚拟现实技术的一个显著优势在于其逼真的沉浸式体验。通过佩戴 VR 头盔，船员可以进入一个高度仿真的虚拟船舶环境，身临其境地进行各种操作。这种沉浸式体验不仅让培训更加生动有趣，还能够提高学习效率。例如，在虚拟现实中，船员可以进行船舶操纵训练，熟悉船舶的各项设备和操作流程。通过反复的模拟操作，船员可以掌握各种操纵技巧，提升操作的熟练度和准确性。在应急响应能力的训练方面，虚拟现实技术同样具有重要作用，因为船舶在航行过程中，可能会遇到各种紧急情况，如火灾、泄漏、搁浅等。传统的应急训练通常依赖模拟演习，但这种方式存在风险高、成本高和时间限制等问题，而通过虚拟现实仿真训练，船员可以在一个完全安全的虚拟环境中，模拟各种紧急情况的处理。通过多次反复的实战演练，船员可以提高他们在紧急情况下的反应速度和处理能力。例如，在虚拟现实中，船员可以进行火灾扑救演练，学习如何迅速发现火源、使用灭火器材和疏散人员，从而在真实火灾发生时能够迅速采取有效措施，减少事故损失和人员伤害。

虚拟现实技术还大大降低了培训成本和时间。传统的船员培训通常需要使用昂贵的训练设备和场地，培训周期长，成本高。而虚拟现实培训只需要一套 VR 设备和相应的培训软件，就可以在任何时间和地点进行训练。此外，虚拟现实培训可以根据需要进行个性化设置和调整，满足不同船员的培训需求。比如，对于新手船员，可以设置较为简单的训练场景，逐步提高难度；对于经验丰富的船员，可以设置更为复杂和紧急的情况，提升他们的应对能力。

（四）环保和可持续发展

1. 减少碳排放和资源浪费

现代船舶越来越多地依赖实时数据采集系统和高精度传感器。这些系统和传感器能够实时监测船舶的各项运行指标，如燃油消耗、航行路径和船速等关键数据。通过精密的数据采集和传输，船舶管理者可以及时了解船舶在不同条件下的运行状态，从而为优化燃油效率和减少碳足迹提供必要的数据支持。例如，智能算法可以基于实时数据分析，为船舶提供优化建议，如调整船速和航线，以在最大限度上节约燃油并降低碳排放。船舶管理软件在优化运行计划和维护安排方面发挥着关键作用。这些软件能够帮助船东和船舶运营者精确制订船舶的航行计划和运输路线，最大限度地减少不必要的能源消耗和资源浪费。通过综合考虑航线、天气、船只特性等因素，软件可以优化船舶的航行路径，避免不必要的燃料浪费和碳排放增加。此外，船舶维护安排也可以通过软件系统进行精细化管理，确保设备的高效运行和长期可靠性，减少因设备故障而导致的停航和资源浪费。

2. 船舶能效管理系统

船舶能效管理系统的核心在于其能够实时监测和分析船舶的能源消耗情况。通过安装在船舶上的传感器，系统能够收集大量关键数据，涵盖船舶引擎效率、船体阻力、当前海况等多方面因素。这些数据被实时传输并存储，经过系统智能算法的分析处理后，能够提供精确的能源消耗分析和未来趋势预测。

船舶能效管理系统能够为船舶管理者提供多方面的优化建议。首先，系统可以根据实时监测到的数据，提供最佳速度控制建议。通过在不同速度下进行模拟和分析，系统可以确定每个速度下的燃油消耗情况，从而帮助船舶选择最节能的航行速度，减少不必要的能源浪费。其次，系统可以根据船舶当前的位置和目标港口，提供最佳航线规划。考虑到海况、风速、潮汐等多种因素，系统能够优化航线，减少航程时间和能源消耗。最后，船舶能效管理系统还能通过提供最佳的船舶维护策略，帮助管理者优化设备的使用寿命和性能，减少不必要的维修频率和停航时间。通过实时监测和数据驱动的决策，船舶能效管理系统不仅能显著降低船舶的能源消耗，从而降低运营成本，还能有效控制船舶对环境的影响。减少碳排放和其他污染物的释放，符合现代社会对于环境保护的严格要求，同时有助于提升船舶公司的形象和可持续发展的竞争力。

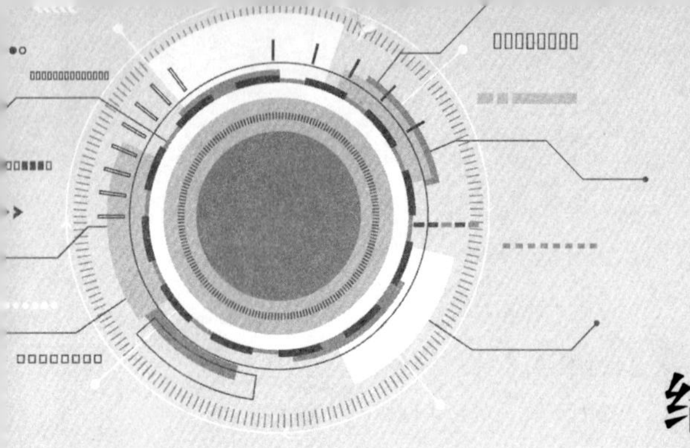

结语

在现代轮机工程中，软件技术的应用已经成为推动航海业进步的重要驱动力。随着科技的不断发展，智能航海系统在提高船舶效率、安全性和环境友好型方面发挥着越来越重要的作用。从实时数据采集与分析到复杂的仿真与预测模型，软件技术为轮机工程师提供了强大的工具，帮助他们优化船舶运行、减少能源消耗，同时提高航行的可靠性和安全性。智能航海技术不再仅局限于单一的功能，还通过整合多种软件解决方案，如CAD设计、CFD仿真、大数据分析和机器学习算法等，实现了航海系统的智能化和自适应能力。这些技术不断演进，不仅提升了船舶工程的设计和建模精度，还使得船舶操作和维护更加高效和可持续。

在未来，随着人工智能、虚拟现实和物联网技术的进一步融合，智能航海系统将更加普及和强大。这不仅对船舶管理者和工程师提出了更高的技术挑战，也为全球海运业带来了更广阔的发展前景和环境责任。因此，继续投资和创新软件技术在轮机工程中的应用，将是推动未来海洋运输行业持续发展的关键因素之一。

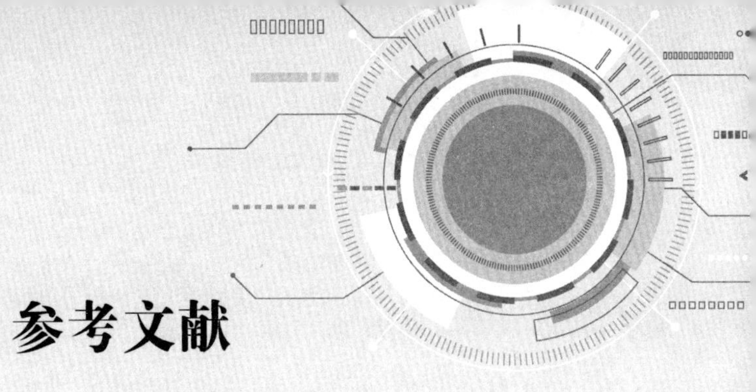

参考文献

[1] 徐青 . 舰船总体设计流程分析 [J]. 中国舰船研究，2012，7（5）：1-7.

[2] 周思醒，杨建军，胡涛 . 舰船总体任务可靠性建模新方法 [J]. 中国舰船研究，2010，5（1）：52-55.

[3] 程庆和，伍英杰 . 面向智能制造的船舶行业自主工业软件发展探讨 [C]//2018 年数字化造船学术交流会议论文集 . 广州：中国造船工程学会，2018.

[4] 李春阳，刘迪，崔蔚，等 . 基于微服务架构的统一应用开发平台 [J]. 计算机系统应用，2017，26（4）：43-48.

[5]Candea G，Cutler J，Fox A.Improving availability with recursive microreboots:a soft-state system case study[J].Performance Evaluation Journal，2004，56（1/2/3/4）：213-248.

[6] 沈昌祥，张焕国，王怀民，等 . 可信计算的研究与发展 [J]. 中国科学：信息科学，2010，53（3）：405-433.

[7] 张玉奎，张宜群 . 船舶智能制造技术顶层研究 [J]. 应用科技，2017，44（1）：5-8，13.

[8] 肖敏 . 船舶修造行业技术管理初探 [J]. 水运科技情报，1997（4）：28-29.

[9] 罗军舟，何源，张兰，等 . 云端融合的工业互联网体系结构及关键技术 [J]. 中国科学：信息科学，2020，50（2）：195-220.

[10] 宁小敏，阳斌，王奕，等 . 基于 Web 的船舶信息集成管理系统的设计及实现 [J]. 中国舰船研究，2011，6（3）：99-102.

[11] 孟庆禹 .DWF 船舶技术服务公司业务运营管理案例研究 [D]. 大连：大连理工大学，2021.

[12] 邱鹏 . 浅谈船舶建造技术现状及管理方法 [J]. 当代化工研究，2021（19）：183-184.

[13] 李星星 . 船舶驾驶技术管理及船员素质培养策略 [J]. 中国航务周刊，2021（23）：44-45.

[14] 张威 . 基于新兴信息技术的 S 企业船舶流体性能试验服务流程优化研究 [D]. 镇江：江苏科技大学，2020.

[15] 张云森 .A 船务公司船舶维修管理策略研究 [D]. 大连：大连海事大学，2020.

[16] 宋晓东 . 船舶建造监理中的技术管理要点探析 [J]. 智能城市，2019（22）：102−103.

[17] 周亮 . 浅谈船舶建造技术现状及管理方法 [J]. 船舶物资与市场，2019（10）：85−86.

[18] 朱寿成 . 碳排放权交易机制对中国国际航运业影响研究 [D]. 厦门：厦门大学，2019.

[19] 蒋国仁 . 船舶安全与技术管理信息系统研究与开发 [D]. 上海：上海海运学院，2003.

[20] 田世林 . 远洋船舶维修保养管理研究 [D]. 大连：大连海事大学，2003.

[21] 马先山，廖木星，赵学军，等 .《船舶安全检查管理系统》研制技术 [J] 中国航海，2002（3）：7−10，27.

[22] 郑士君，褚建新，应力，等 . 船舶安全与技术管理系统设计与分析 [J]. 航海技术，2001（5）：55−57.

[23] 刘志屹 . 船舶管理的发展及中国航运业的应对 [D]. 上海：上海海运学院，2001.

[24] 王晓锋 . 船舶维修决策支持系统的设计与实现 [D]. 大连：大连海事大学，2000.

[25] 田靖 . 现代船舶管理概述 [J]. 世界海运，1999（5）：26−27.

[26] 谢得加 . 船舶技术管理及其重要性 [J]. 珠江水运，1997（9）：36.